AF608598

Ich wünsche dir,
dass du arbeitest,
als bräuchtest du kein Geld;
dass du liebst,
als hätte dich noch nie jemand verletzt;
dass du tanzt,
als würde keiner hinschauen;
dass du singst,
als würde keiner hinhören;
dass du lebst,
als wäre das Paradies auf Erden.
(Irischer Segenswunsch)

Autorin: Ursula Dziambor
www.sternenkind-koeln.de

Ursula Dziambor

Wie man einen Käfig sprengt

Wege aus äußerer und innerer Begrenzung

Köln, 2017

Impressum

1. Auflage (2017)

„Wie man einen Käfig sprengt"
- Wege aus äußerer und innerer Begrenzung

Autor: Ursula Dziambor,
www.sternenkind-koeln.de
Layout und Umschlag: Vinya Cameron,
web-n-art-agency.com
Printed in Germany

Verlag: tao.de in J. Kamphausen Mediengruppe GmbH,
Bielefeld, www.tao.de, eMail: info@tao.de

ISBN Softcover: 978-3-96051-705-4
ISBN Hardcover: 978-3-96051-794-8
ISBN E-Book: 978-3-96051-795-5

Inhaltsverzeichnis

Vorwort

Dieses Buch wurde geschrieben, um uns daran zu erinnern, wer wir wirklich sind: großartige göttliche Schöpferwesen. Es will uns dazu aufrufen, in unsere Kraft zurückzufinden und alle vermeintlichen Fesseln zu sprengen. Dieser Fesseln gibt es viele. In der Regel erleben wir sie in der äußeren Welt. Im Kapitel mit der Überschrift **Der gefangene Mensch** wurden einige davon zusammengestellt, die die meisten von uns aus ihrem persönlichen Leben kennen, jedoch oft nicht als solche wahrnehmen. Diese Auflistung erhebt keinerlei Anspruch auf Vollständigkeit oder absolute Wahrheit. Die hier dargestellten Sichtweisen mögen subjektiv sein, doch eines zeigen sie: Aus Sicht der Machthaber und der mit ihnen zusammenwirkenden Wesenheiten sollen wir keine freien Menschen sein. Sie möchten verhindern, dass wir uns unserer eigenen Macht gewahr werden und sie tun dies auf allen Ebenen, mit allen ihnen zur Verfügung stehenden Mitteln und mit wachsender Beschleunigung. Denn wenn wir unsere Kraft entdecken und zum Einsatz bringen, können sie nicht mehr agieren wie bisher.

Doch sie spüren auch, dass ihre Zeit sich dem Ende nähert, dass eine große Zeitenwende begonnen hat. Der Antrieb dieser Zeitenwende ist die erwachende Menschheit, die sich mehr und mehr gewahr wird, was dort im Außen passiert und welchem Zweck es in Wahrheit dienen soll. Sie schenkt den fadenscheinigen und verharmlosenden Erklärungsversuchen der hörigen Lügenpresse über die in Wahrheit dunklen Machenschaften der Mächtigen keinen Glauben mehr. Dieses Erwachen ist ein wichtiger erster Schritt. Und er wird heute bereits von sehr vielen gegangen.

Die Erkenntnis, die wir daraus ableiten, dass wir in einer Matrix leben, versklavt und ausgebeutet werden, ist notwendig um die große Wende vorzubereiten. Dass sie nun viele gewinnen, verdanken wir nicht zuletzt den hektischen Überreaktionen von Establishment, Eliten und den hinter ihnen im Verborgenen wirkenden Kräften. Angesichts der erwachenden Menschen in Panik geraten, überspannen sie den Bogen und agieren oft unüberlegt. Sie sehen ihre Felle schwimmen und versuchen in kürzester Zeit gegen zu steuern. Doch damit erreichen Sie nur das Gegenteil des erhofften Ergebnisses, nämlich eine Beschleunigung des Aufwachprozesses. Letztlich wirken sie also im Sinne des großen göttlichen Plans, selbst wenn es danach überhaupt nicht aussieht.

Das Erkennen der äußeren Situation ist also der erste Schritt unserer Befreiung aus der Matrix. Doch wer dort stehen bleibt, sieht sich als Opfer vermeintlich übermächtiger Kräfte, fühlt sich klein und ohnmächtig angesichts ihrer Überlegenheit. Wer nicht resigniert und sich in sein vermeintliches Schicksal fügt, beginnt auf diesem Bewusstseinsstand vielleicht einen aussichtslosen Kampf. Doch Kämpfen ist ein Mittel der alten Zeit. Druck erzeugt Gegendruck und führt zu einer niemals endenden Auseinandersetzung, zu noch mehr Krieg und Leid in der Welt. Letztlich würde er den schon Sterbend geglaubten nur neue Energie zuführen.

Deshalb ruft dieses Buch dazu auf, weiter zu schreiten, zu erkennen, dass wir selbst es sind, die diese äußere Welt, wie sie sich uns heute darstellt, ermöglicht, ja verursacht haben. Das Außen ist ein Spiegel unseres Inneren und es ist an uns, den Wandel jetzt herbeizuführen. Nicht durch kämpfen, nicht allein durch das Unterschreiben von Petitionen oder Bürgerprotesten. Nein, es geht vor allem um den inneren Wandel, eine Transformation aus der Tiefe unseres Wesens heraus ist erforderlich.

Dieser zweite Erkenntnisschritt muss getan werden, wenn wir in Frieden mit uns selbst, unserer kleinen privaten Welt und als Menschheit im Großen miteinander leben wollen. Nur so wird der vielbeschworene Wandel möglich. Längst ist er eingeleitet und das ist es, was die Eliten wirklich schreckt. Einen Kampf würden sie gewinnen, denn sie sitzen nach wie vor an den Schalthebeln der Macht. Doch gegen unsere Erkenntnis, unangreifbar zu sein, sind sie machtlos. Wenn wir, die Zielscheibe ihrer Macht, uns nicht mehr provozieren lassen, wenn wir nicht mehr mit den überkommenen Mustern von Angst und Gegenwehr reagieren, herrscht Ratlosigkeit in den Chefetagen. Die Eliten sind nicht „Die Bösen“, sie sind eine andere Ausprägung unserer selbst, sie sind der Schatten in uns, die Leiche, die ein jeder von uns im Keller hat. Wenn wir beginnen, unseren Schatten zu beleuchten, ihn in Liebe anzunehmen und zu integrieren, retten wir uns selbst, die Welt und das Universum. Es erinnert ein wenig an die Geschichten der alten Mythen und Märchen, die von Erlösung durch die Liebe sprechen. Die Schöne, die dem Biest unerwartet Liebe entgegenbringt, hat die Macht, es von dem Hässlichen und Bösen zu befreien.

Unterstützt wird dieser zweite Teil unseres Erwachungsprozesses durch kosmische Strahlung. Seit Ende des Jahres 2012 strömt Aufstiegsenergie von der Urzentralsonne unseres Universums auf unseren Planeten und alle auf ihm lebenden Wesen ein. Diese Strahlung funktioniert über Skalarwellen, das heißt Sender und Empfänger bedingen sich gegenseitig. Bezogen auf unsere Entwicklung als Menschheit bedeutet dies, dass der Aufstiegsprozess genauso schnell vonstattengeht, wie unser Bewusstseinsstand es zulässt. Je weiter unsere spirituelle Entwicklung vorangeschritten ist, umso beschleunigter erreichen uns die kosmischen Energiewellen.

Mit Hinweisen auf die Aufdeckung von verborgenen Zusammenhängen, mehr jedoch noch durch die Darstellung der Zusammenhänge zwischen unserem menschlichen Sein als Individuum und dem großen Ganzen möchte dieses Buch (noch) Ruhende aufwecken und zur Beschleunigung der Abläufe beitragen. Somit stellt es in erster Linie eine Anleitung zum beschleunigten spirituellen Aufstieg dar.

Zum Schluss noch ein Hinweis auf die in diesem Buch verwendeten Quellen:

Diese wurden von der Autorin nach bestem Wissen und Gewissen zusammengestellt und im Textverlauf zitiert. Auf Grund der Dynamik im Internet können jedoch Seiten/Links, die im Buch erwähnt werden und die zum Zeitpunkt der Fertigstellung dieses Buches noch aktuell waren, inzwischen bereits verändert oder nicht mehr vorhanden sein.

Einleitung

Wie jeder Mensch spiele ich in meinem Alltagsleben verschiede Rollen. Einige davon sind: Tochter, Mutter, Hausfrau, Kollegin in meinem traditionellen Bürojob, Bürgerin des Landes, in dem ich lebe, spirituelle Führerin im Umfeld meines Wirkens für das Licht und für die Liebe. So unterschiedlich die Rollen meines Lebens sich gestalten, so unterschiedlich sind auch die Menschen, die mir im Zusammenhang damit begegnen.

Manchmal, wenn ich durch die City streife, empfinde ich schmerzhaft die Fremdheit gegenüber den anderen. Sie erscheinen mir wie Zombies, nicht wie fühlende Wesen, vereinnahmt von einem rechteckigen Gerät, das sie in ihren Händen halten und dass jeden ihrer Schritte gegenüber einer anonymen Machtmaschinerie dokumentiert. Ihre Gespräche, die ich z. B. während einer Straßenbahnfahrt aufschnappe, erscheinen mir hohl und nichtssagend. Die Straßen unserer Stadt sind voller Unrat und Müll, voller entwurzelter Menschen, die niedergedrückt von Obdachlosigkeit und Sucht um ein paar Cent betteln. An jeder Ecke tun sich riesige Baulöcher auf, Häuserfronten werden eingerissene, gigantische Löcher in die Erde gebohrt. Ich frage mich dann, was der Sinn dieser Unterfangen ist, was da entstehen soll, welche Fundamente da wohl neu errichtet werden.

Wenn ich durch einen Supermarkt streife, um Lebensmittel für den täglichen Bedarf zu erwerben, kommt mir eine schier unerträgliche Energie entgegen, eine Energie von spürbarer Minderwertigkeit. Alle Waren sind in Plastik verpackt, fristen ihr Dasein zwischen Tausend anderen unappetitlich dargebotenen mit fragwürdigen Zusatzstoffen durchsetzen Produkten. Ein möglichst niedriger Preis scheint das einzige Kriterium aus Konsumentensicht. Im Vorbeigehen an einer Metzgerei erscheint mir das Leid der zuvor unter unwürdigen Zuchtbedingungen gehaltenen und qualvoll geschlachteten Tiere greifbar, die Energie an einem solchen Ort ist geradezu erfüllt vor Schwere und Leid. Ich meide die beschriebenen Orte seit vielen Jahren, wann immer ich kann. Doch manchmal ist es eben nicht möglich. Ich erlebe diese angedeutete Szenerie dann wie im Traum, so als stünde ich außerhalb, hätte damit nichts zu tun und sie ginge mich gar nichts an. Es ist eine andere Welt, in der ich zwar äußerlich noch irgendwie lebe, doch in der ich mich schon lange nicht mehr zu Hause fühle. Jesus sagt: *Ich bin in dieser Welt, jedoch nicht von dieser Welt.*

Manchmal gelingt es mir auch, die Lethargie und Niedergeschlagenheit der Menschen, die noch keine Alternative zu der Illusion, in der sie leben, kennen, für einen kleinen Augenblick zu durchbrechen. Dazu genügt oft eine kleine, leicht dahin geworfene Bemerkung, die aufhorchen lässt, oder ein Lächeln dort, wo sie es am wenigsten erwartet hätten. Über solche „Erfolge" freue ich mich, wie ein kleines Kind. Dann kann ich die Verbindung zu ihnen spüren, erlebe mich verbunden und die zuvor empfundene Getrenntheit in meinem Erleben schmilzt dahin.

In meinem traditionellen beruflichen Umfeld fühle ich mich unfrei, spüre, dass ich wie alle anderen unter Beobachtung stehe, erkenne, wie z. B. während des Ablaufs von Sitzungen, durch die Chefs der Veranstaltung manipuliert wird. In einem kleinen Nebensatz fallen dann unvermutet unmissverständliche

Urteile über den amerikanischen und/oder den russischen Präsidenten, die an dieser Stelle absolut nichts zu suchen haben. Das Thema, um das es dort geht, ist ein völlig anderes. Außerdem ist aufgrund der vermeintlichen Beiläufigkeit solcher „Killerphrasen" gar kein Einwand oder gar Widerspruch möglich.

Die meisten Kolleginnen und Kollegen lassen nicht erkennen, ob sie das überhaupt wahrnehmen oder ob es ihnen schlichtweg egal ist, aus anderen Gesichtern meine ich gar Zustimmung herauszulesen. Die Arbeit selbst ist an vielen Stellen unbefriedigend und unaufrichtig. Solide fachliche Arbeit wird zunehmend von Lobbyismus verdrängt. Die Atmosphäre im Berufsleben erlebe ich auch in den wenigen entspannt erscheinenden Momenten wie während einer Feier, als unecht und bedrückend. Je nach Tagesform spiele ich mit in diesem Theaterspiel, platziere ab und zu einen Gag, der vielleicht den ein oder anderen zum Nachdenken anregen könnte. Wenn ich spüre, dass mir das an einem bestimmten Tag nicht mit der gebührenden Distanz und mit der Leichtigkeit der Vogelperspektive gelingen würde, halte ich mich lieber zurück.

Meine Familie und meine Freunde aus früherer Zeit bieten mir ein ständiges Übungsfeld. Hier kann ich meine Position offen einnehmen und das tue ich auch. Sie wird zwar von meinen Gesprächspartnern manchmal als abwegig empfunden, doch immerhin hören sie mir zu. Ich übe mich darin zu akzeptieren, welche Konditionierungen sie genossen haben und auf welchem Bewusstseinsstand sie sich gerade befinden. Ich übe mich auch darin, zu erkennen, wenn sie sich entwickeln, die Dinge langsam doch stetig zu hinterfragen beginnen. Ich übe mich darin, ihnen Zeit zuzugestehen und ihr ganz eigenes Tempo. Kurz, ich übe mich darin, sie genauso sein zu lassen, wie sie sind und ihren Weg liebevoll und voller Achtung vor ihrer individuellen Bestimmung zu begleiten.

Dabei freue ich mich über jeden Fortschritt meines eigenen Wachstums, den ich darin sehe, dass ich mein „Helfersyndrom" mehr und mehr überwinde, immer weniger einzugreifen versuche und sie selbstbestimmt ihren Weg voranschreiten lasse. Da meine Angehörigen mir naturgemäß am meisten am Herzen liegen, empfinde ich es ihnen gegenüber am schwersten, die Position des neutralen Beobachters einzunehmen. Ich muss akzeptieren, dass es mir nicht immer gelingt, doch schließlich bin ich *die Meisterin, die übt* (Jwala Gamper).

Am meisten entspannt mich das Zusammentreffen mit Gleichgesinnten, Freunden aus der neuen Zeit. Auch das erlebe ich wie ein Spiel, doch ein Spiel voller Leichtigkeit und Freude. Wir befruchten einander durch den Austausch von Informationen und Meinungen, spüren gemeinsam in äußere Ereignisse und innere Befindlichkeiten hinein und finden oft Einigkeit in der Einschätzung von Hintergründen und der Art und Weise, wie wir mit ihnen umgehen können. Selbstverständlich gibt es auch in dieser Gruppe verschiedene Herangehensweisen und Ansichten, doch wir empfinden ein gemeinsames Verständnis über die Großartigkeit unseres Seins als Lichtwesen und die uns innewohnende Schöpferkraft. Das nährt und gibt immer neuen Mut, um den beschrittenen Weg als spirituelle Führerin in den beschleunigten Aufstieg konsequent weiter zu verfolgen.

In diesem Sinne bedanke ich mich bei allen Wesen, die mir auf meinem Lebensweg begegnen, einerlei ob sie ihn nur kurz berühren oder ob sie ihn für eine längere Zeit begleiten. Sie alle tragen auf ihre Weise dazu bei, dass mein Bewusstsein wachsen darf, so wie ich versuche dazu beizutragen, dass das Ihrige wächst. In diesem Sinne sind wir alle miteinander verbunden.

Ich bedanke mich auch bei allen Leserinnen und Lesern dieses Buches für ihr Interesse und wünsche ihnen eine erhellende Lektüre.

Namasté
Die Autorin

Teil I Zeitqualität

Alles wird erkannt, sobald es dem
Licht ausgesetzt wird,
und was immer dem Licht ausgesetzt
wird, wird selber zu Licht.
(Paulus)

Dunkle Zeiten?

Viele Menschen haben den Eindruck, dass wir in dunklen Zeiten leben. Hören wir die Nachrichten im Fernseher oder schauen wir in die Tageszeitungen, so wimmelt es dort nur so von Horrorszenarien, die uns in drastischen Bildern vor Augen führen, wie schlecht diese Welt ist. Selbst im Freizeitkrimi erleben wir Mord und Todschlag und im vermeintlich fantastischen Science-Fiction Film wird uns ganz nebenbei ein Aspekt der Wahrheit gezeigt. Die Darstellung von Krieg, Gewalt und Zerstörung erobert mehr und mehr unseren Alltag. In allen öffentlichen Bereichen herrschen Korruption und Skrupellosigkeit. Wie sich die globale Welt zeigt, so erleben wir es oft auch in unserem Privatleben. Unsere Beziehungen scheitern, unsere Jobs fallen Rationalisierungsmaßnahmen zum Opfer oder ruinieren uns die Freude am Leben und wir selbst oder uns nahestehende Menschen erkranken ernsthaft oder sterben.

Es ist nicht zu leugnen: all diese Dinge existieren in dieser Welt. Doch ist es tatsächlich unsere einzige Möglichkeit, die Wirklichkeit wahrzunehmen? Leben wir nicht auch in der anderen Welt? Jener, in der Wohlstand und Frieden herrschen? Jener, in der es die wunderbare Natur gibt, die uns nährt und Kraft schenkt? Jener, in der Tiere und Pflanzen unsere Freunde sind? Jener, in der die Menschen sich lieben und achtsam miteinander umgehen? Jener, in der wir große Dankbarkeit und Liebe gegenüber allem Sein empfinden können? Jener, die voller Freude, Schönheit und Fülle ist? Jener, in der wir das Licht immer vor Augen haben und uns von ihm führen lassen?

Beide Welten begleiten uns durch unser irdisches Leben. Wir können und sollen die Augen nicht vor den Schatten verschließen. Doch es steht uns zu, danach zu fragen, wer hat eigentlich ein Interesse daran, dass wir mit schlechten Nachrichten nur so bombardiert werden und uns dadurch die Freude am Leben abhandenkommt? Wem dient es, wenn wir mit Sorgen, schlechten Gefühlen und Gedanken in jeden neuen Tag unseres irdischen Daseins starten? Vielleicht kommen wir der Antwort auf diese Frage während der Lektüre des Buches ein Stückchen näher und vielleicht erkennen wir dann, dass wir nicht Gefangene sein müssen, Gefangene in einer bösen, uns schlecht gesonnenen Umgebung. Dass wir nicht ohnmächtig darauf warten müssen, was die machtvollen Kräfte im Außen mit uns vorhaben und welche Schatten in uns selbst noch zu erlösen sind.

Es steht uns frei, zu erkennen, dass wir bisher einem großen Plan des Abstiegs in die Trennung und Dualität folgten, der in unserer Versklavung gipfelt, an der wir selber stetig mitgewirkt haben und es steht uns ebenfalls frei, uns dessen **jetzt** zu entledigen. Niemand kann es uns verbieten, unsere Aufmerksamkeit auf das Gute und Schöne zu lenken. Das ist immer möglich, auch wenn wir gerade besondere Herausforderungen in unserem Leben zu meistern haben. Es ist sogar möglich angesichts vermeintlich aussichtsloser Situationen und angesichts unseres physischen Todes. Eine unbekannte Autorin hat es einmal so ausgedrückt:

Wir sind vom Ursprung her Liebe ... bedingungslose Liebe, ohne Besitzanspruch.

Du wirst erkennen, dass alles, was wirklich von Bedeutung ist, Schönheit, Liebe, Kreativität, Freu-

de, innerer Frieden, seinen Ursprung jenseits des Verstandes hat.

Plötzlich erfüllt dich eine tiefe Stille, ein grenzenloses Gefühl des Friedens. Und in diesem Frieden ist eine große Freude, und in dieser Freude ist Liebe.

Und in ihrem innersten Kern ist das Heilige, das Unermessliche, das Namenlose.

Dunkles kommt ans Licht

Wir leben im Zeitalter der Digitalisierung. Jeder kann jederzeit über diverse Medien mit anderen in Verbindung treten und sich mit ihnen vernetzen. Im Herbst 2016 meldete das Statistische Bundesamt, dass 95 Prozent aller bundesdeutschen Haushalte mit Smartphones ausgestattet seien. So gut wie alle Bewohner unseres Landes, die dies möchten, verfügen über einen Fernseher und einen Computer. Nur eine geringe Minderheit entscheidet sich, dann meist bewusst, dagegen.

Man mag diese Entwicklung als Fluch oder Segen empfinden, Tatsache ist, sie bietet uns neue Möglichkeiten, die wir früher so nicht kannten. Wie praktisch ist es doch, schnell mal eine WhatsApp zu versenden oder eben etwas bei Google zu erfragen, wofür wir früher einen Tag in der Bibliothek recherchieren mussten. Informationen sind heute schnell gefunden und bei Bedarf ausgetauscht, im Privaten ebenso wie im Beruflichen.

In gleicher Weise gilt dies für alle öffentlichen Bereiche unseres Lebens, für Politik, Verwaltung, Wirtschaft, Ökologie, Kultur oder Religion. Alles kann mit allem vernetzt werden. So stehen Verbraucherschutz wie Datenhüter vor neuen Herausforderungen, denn in der Regel liegt es im Interesse der genannten Bereiche, möglichst ungehindert und ungeachtet eventueller Bürgerinteressen oder -rechte von den neuen Möglichkeiten Gebrauch zu machen.
Jenseits der öffentlichen Verbreitung und Wahrnehmung befinden sich dagegen jene Bereiche, die der Geheimhaltung unterliegen, zum Beispiel Militär- oder Geheimdienstaktivitäten.

Es gibt kein Verbrechen, keinen Kniff, keinen Trick, keinen Schwindel, kein Laster, das nicht von GEHEIMHALTUNG lebt. Bringt diese Heimlichkeiten ans Tageslicht, beschreibt sie, macht sie vor aller Augen lächerlich, und früher oder später wird die öffentliche Meinung sie hinwegfegen. BEKANNTMACHUNG allein genügt vielleicht nicht; aber es ist das einzige Mittel, ohne das alle anderen versagen." (Josef Pulitzer)

Von diesen geheim gehaltenen Kniffs, Tricks, Schwindeln und Lastern gibt es mehr, als wir gemeinhin annehmen würden. Zahlreiche Geschehnisse wie Flugzeugabstürze, Kindesentführungen oder Terrorangriffe werden uns in den offiziellen Medien auf eine Art und Weise erklärt, die wenig oder nichts mit den wahren Hintergründen dieser Ereignisse zu tun hat. Diese Hintergründe sind nicht für die Augen und Ohren der Öffentlichkeit bestimmt, denn sie würden zu Misstrauen der Bevölkerung gegenüber jenen Stellen führen, von denen wir glauben sollen, dass sie für unsere Sicherheit und unser Wohlergehen zuständig seien.

Doch die Geheimhaltung dieser verborgenen Wahrheiten gestaltet sich immer schwieriger. Oft gibt es zahlreiche Personen, die Kenntnis über einen Teil der Machenschaften im Hintergrund bestimmter Aktionen haben. Ein Grundprinzip ist es in jenen Kreisen, dass jede beteiligte Person nur genauso viele Informationen bekommt, wie sie zur Ausübung ihrer Tätigkeit unbedingt benötigt. Der große Zusammenhang, in dem diese Tätigkeit steht, bleibt ihr so weit wie möglich verborgen. Für den ihr bekannten Teil wird sie zudem zum absoluten Stillschweigen verpflichtet. Er gilt als „top secret". Sollte die Person sich nicht an diese Vereinbarung halten, gibt es bekanntermaßen Mittel und Wege, dass dies nicht wieder vorkommen wird.

Soweit der theoretische Plan, der in der Vergangenheit gut funktioniert haben mag. In letzter Zeit allerdings beobachten wir zahlreiche Fälle von Whistleblowing, ein Begriff, der eigens für die Preisgabe der Geschehnisse im Schatten des Sichtbaren geprägt wurde. Unter einem Whistleblower verstehen wir einen Menschen, der meist bedingt durch seine berufliche Tätigkeit bis zu einem gewissen Grad in Geheimnisse eingeweiht wurde und diese dann ans Licht der Öffentlichkeit bringt. Ein solcher Mensch steht, wie wir uns vorstellen können, in einem Gewissenskonflikt, denn er ist seinem Arbeitgeber gegenüber verpflichtet. Doch mag es Informationen geben, die ihn trotz, oder sollten wir eher sagen wegen, seiner persönlichen Integrität dazu drängen, sich in Gefahr zu begeben und diesen Schritt der Enthüllung zu tun.

Unter *www.whistleblower-net.de* finden wir eine Vielzahl von Fällen, die die verschiedensten Bereiche der Gesellschaft betreffen. Angefangen von organisiertem Kindesmissbrauch im großen Stil über die Aufdeckung des Ausmaßes der Überwachung der Bevölkerung durch den ehemaligen IT-Spezialisten des amerikanischen Geheimdienstes CIA Edward Snowdon bis hin zu heimlichen Gesetzesverabschiedungen im Schatten der Fokussierung großer Bevölkerungsteile auf eine Fußballweltmeisterschaft. Auch gibt es mittlerweile von Whistleblowern veröffentlichte Bücher wie jene im Kopp-Verlag erschienene Enthüllungen des für das US-Außenministerium tätigen J. Michael Springmanns über die Beziehungen des CIA zu ihrem Werkzeug, dem sogenannten ISIS- und Al-Qaida-Terror (Titel des Buches: *Die CIA und der Terror- Wie über US-Konsulate Terrornetzwerke aufgebaut werden*). Ein weiterer Buchtitel des Autors Jan van Helsing *Whistleblower* erschien 2016 ebenfalls im Kopp-Verlag.

An dieser Stelle beleuchten wir nur einen einzigen Fall von Whistleblowing etwas näher, der so ungeheuerlich erscheint, dass wir uns am liebsten weigern möchten, ihn auch nur im Entferntesten für möglich zu halten. Natürlich können wir nicht mit Sicherheit sagen, ob an dieser Geschichte auch nur ein Körnchen Wahrheit ist, andererseits erkannte schon Bernd Brecht: *Unsichtbar wird der Wahnsinn, wenn er genügend große Ausmaße angenommen hat.* Möge sich jeder Leser und jede Leserin sein bzw. ihr eigenes Urteil über den Wahrheitsgehalt dieser Geschichte bilden.

Im Herbst 2016 meldete sich eine schwer an Krebs erkrankte Ingenieurin zu Wort. Sie berichtete über ihre Mitwirkung an gigantischen unterirdischen Bauprojekten unter mehreren deutschen Großstädten. Sie habe sich schon zu Beginn der Projekte im Jahr 2001 darüber gewundert, dass sie und ihre Kollegen mehrere Geheimhaltungsversprechen habe unterzeichnen müssen. Die Projekte seien zunächst als Evakuierungsanlagen für die Bevölkerung ausgewiesen gewesen, doch diese seien ja normalerweise alles andere als geheim. Nach und nach sei dann herausgekommen, dass es sich um militärische Anlagen handele. Das habe zwar zu Unmut bei ihr und ihren Kollegen geführt, da sie unter anderen Voraussetzungen in das Projekt eingestiegen seien, doch nicht zum Rückzug der Ingenieure aus den Projekten. Es seien gigantische Mengen an Beton verbaut, elektrische Leitungen verlegt und Versorgungsdepots angelegt worden. Die unterirdischen Anlagen seien mit Hunderten von Großbildschirmen und zahlreichen Moscheen ausgestattet worden. Im Jahr 2013 sei dann von der UN heimlich die Migrationswaffe gegen Europa und insbesondere gegen Deutschland beschlossen worden. Das bedeute, in verschiedenen islamischen Ländern Asiens und Afrikas würden Anwerbezentren eingerichtet, deren Aufgabe darin bestehe, insgesamt mehrere Millionen Männer zu akquirieren. Diese sollten zwischen 20 und 30 Jahren alt, möglichst ungebildet und leicht beeinflussbar sein. Ihre Bereitschaft zur Mitwirkung sei durch ein Geldgeschenk von 2.500 Euro pro Person und die Übergabe eines Smartphones gefördert worden. Diese jungen Männer, so berichtet die Whistleblowerin, träfen bereits zum Zeitpunkt der Enthüllung dieser Geschichte stündlich in mehreren deutschen Flughäfen ein. Dies geschehe nachts und somit möglichst unbemerkt von der Öffentlichkeit. Flugpersonal und andere Personen, die dennoch etwas mitbekämen, würden zu absolutem Stillschweigen verpflichtet. Die ankommenden Männer würden sofort in die von der Ingenieurin mitkonstruierten unterirdischen Bunkeranlagen verbracht. Dort würden sie dann ununterbrochen über die installierten Bildschirme und Sprechanlagen einer massiven Gehirnwäsche unterzogen, die die absolute Verachtung aller einheimischen nicht moslemischen Bevölkerung zum Inhalt habe, insbesondere der weiblichen. Für 2017 sei dann die Öffnung der Schleusen, sprich Bunkertore, geplant und die in jeglicher Hinsicht gewaltbereiten und bis an die Zähne bewaffneten Männer würden auf die deutsche Bevölkerung losgelassen. Dies alles geschehe selbstverständlich unter Einwilligung und aktiver Mitwirkung der deutschen Regierung und Behörden. Eine kurze Zeit lasse man die Polizei einen aussichtslosen Kampf gegen die geballte Übermacht der fanatisierten Männer kämpfen, bald würde dann das Militär eingesetzt, Notstandsgesetze - Versammlungsverbot - Bürgerkrieg, so der geplante Ablauf. Der Sinn und das Ziel dieses ungeheuerlichen Vorhabens? Sie lägen in der beabsichtigten Destabilisierung der betroffenen Länder, deren Bevölkerung sich infolge strengen Reglementierungen und einer Rundumüberwachung unterwerfen müsse. Außerdem hoffe man auf durch Vergewaltigungen großen Stils entstehenden Nachwuchs, dessen Start in dieses Erdenleben dann sicher denkbar schlecht aussähe. Eine derart eingeschüchterte und bedrohte Bevölkerung wäre gezwungen, sich in den Überlebensmodus zu retten und eignete sich so hervorragend für die geplanten Versklavungspläne.

Unabhängig davon, ob diese Pläne wirklich bestehen oder je bestanden, ist eine zweite Frage, ob sie verwirklicht werden könnten. Davon ist dankenswerter Weise nicht auszugehen.

Ein Meisterstück der Aufdeckung dunkler Machenschaften durften wir während des US-Wahlkampfs im Sommer und Herbst 2016 erleben. Die beiden Präsidentschaftskandidaten, Donald Trump und Hillary Clinton lieferten sich wahre Schlammschlachten, in der alles hochkam, was in den letzten Jahrhunderten, Jahrzehnten und Jahren unter den Teppich gekehrt worden war. Donald Trump wurde in den westlichen Medien monatelang als Politclown präsentiert, der weder vor dem weiblichen Geschlecht noch vor seinen ausländischen Mitbürgern Respekt zeigte, der hemmungslos um sich schlug und damit vor allem das amerikanische Establishment traf. Er erreichte tatsächlich, dass Clintons dunkle Geschäfte ans Licht kamen. Tausende von E-Mails, die unmissverständlich die Zusammenhänge zwischen der Stiftung Clintons und den Terrororganisationen und Kriegen im Nahen Osten offenbarten, landeten bei Wiki-Leaks. Die freilich im deutschen Mainstream nicht gezeigten Originalreden Trumps brachten den tatsächlichen Grad der Korruption und Lüge gegenüber der Bevölkerung ans Tageslicht.

Dort konstatierte er unter anderem:

Unsere Bewegung ist dazu da, ein kaputtes und korruptes politisches System durch eine Regierung zu ersetzen, die von euch, dem amerikanischen Volk, kontrolliert wird. Das Washingtoner System, das von den Finanz- und Medien-Kartellen finanziert und getragen wird, hat nur einen Daseinszweck: sich selbst zu schützen und zu bereichern. Wir werden den Sumpf trockenlegen.

Schock und Ratlosigkeit machten sich breit, nachdem die amerikanische Bevölkerung sich mit ihrer Wahl eindeutig gegen den Filz der Macht entschieden hatte und das obwohl der Clinton-Wahlkampf von hochkarätigen US-Amerikanern der Hochfinanz, Hollywood und facebook unterstützt worden war. Unabhängig davon, wie Donald Trump als US-Präsident dann tatsächlich agieren wird und welche Leichen möglicherweise aus seinem Keller noch ans Licht befördert werden, war es im Hinblick auf die Aufdeckung der dunklen Geheimnisse der Mächtigen vor ihm eine gute Wahl. Wir dürfen gespannt sein, welche Lawine dadurch ins Rollen gekommen ist.

Polaritäten spitzen sich zu

So erleben wir also heute, dass vieles offenbar wird, was wir bisher nicht für möglich hielten, nicht glauben wollten oder konnten.

Einiges davon mögen wir als Verschwörungstheorien abtun, ein Begriff der anlässlich der Ermordung von John F. Kennedy geprägt und zuerst auf die damals geäußerten Zweifel an der Täterschaft eines einzelnen verwirrten Mannes angewandt wurde. Seit dieser Zeit benutzt man ihn gern und häufig in den Medien, um Menschen ins Lächerliche zu ziehen oder zu diffamieren, die Zweifel an offiziellen Erklärungsversuchen von Ereignissen oder Maßnahmen öffentlicher Stellen äußern. Diese Menschen werden dann gern als *Verschwörungstheoretiker* bezeichnet. Man stellt sie damit in die Ecke der ewigen Nörgler, Psychopaten oder Witzfiguren, die in allem etwas Unlauteres wittern. Und tatsächlich, das wissen wir aus unserer persönlichen Erfahrung, gibt es solche notorisch misstrauischen Menschen ja auch. Vor dem Hintergrund dieser Erfahrung sind wir vielleicht geneigt, uns der öffentlichen Meinung anzuschließen und in den

Chor derjenigen einzustimmen, die diese ewigen Nörgler als weltfremd abstempeln.

Es mag auch sein, dass die dunklen Kräfte gewisse Gerüchte selbst in die Welt bringen, um all jene in Angst und Schrecken zu versetzen, die den Massenmedien keinen Glauben mehr schenken. Innerhalb dieser Zielgruppe gibt es nicht wenige, die umso bereitwilliger alles in sich aufsaugen, was aus alternativen Quellen stammt und es dabei mitunter versäumen, auch deren Glaubwürdigkeit zu hinterfragen. Unabhängig vom Wahrheitsgehalt der Informationen, handelt es sich in jedem Fall um eine dunkle Schöpfung. Allein die geistige Vorstellung solcher Machenschaften hat eine mindestens energetische Wirkung, auch wenn die Schöpfung nicht zur Manifestation im Stofflichen vorgesehen sein sollte.

Viele alternative Berichte über Machenschaften und Pläne der Mächtigen, die heute so ans Licht kommen, sind jedoch durchaus ernst zu nehmen und geben die Realität wieder. Die Eliten verfolgen damit ein einziges Ziel: Die Menschheit soll dumm und gefügig gehalten werden und ihren eigenen Zwecken dienen, möglichst ohne dass sie dies bemerkt.

Schon Goethe wusste: *Niemand ist mehr Sklave, als der sich für frei hält, ohne es zu sein*. Von einer versklavten Bevölkerung ist wenig Gegenwind zu erwarten, wenn die Eliten beständig die eigene Machtposition zu stärken versuchen. Macht und Gier sind die Götter, denen sie folgen. Alles, aber auch alles, was diesen Göttern dient, wird versucht, durchzusetzen. Moral, Ethik oder gar Menschlichkeit und Gefühl gibt es in diesem Spiel schlichtweg nicht. Wenn ein Krieg dazu nützlich ist, an Einfluss zu gewinnen und Waffen zu verkaufen, dann wird er geführt. Ein aus dieser Sicht positiver Nebeneffekt ist es, dass das danach in Schutt und Asche liegende Land oder Gebiet ja auch wieder aufgebaut werden muss. Da zeigt man sich doch gern auch gleich noch als Retter in der Not.

Doch so ungeheuerlich all diese Machenschaften uns erscheinen mögen, sie haben einen aus Sicht der Initiatoren unerwünschten Nebeneffekt. Immer mehr Menschen lassen sich nicht mehr gefügig mit den fadenscheinigen Erklärungsversuchen der Eliten und ihrer Vollzugsgehilfen abspeisen. Diese werden zwar beharrlich tagein, tagaus über gleichgeschaltete Medien verkündet, doch häufig nicht mehr mit dem gewünschten Erfolg. Wer sich noch ein Gespür für die Wahrheit und das Bewusstsein für Erkenntnis erhalten hat, merkt bald, dass etwas faul ist an dem, was man versucht, uns glauben zu machen. Dazu reichen manchmal schon der gesunde Menschenverstand und unser zunehmendes Bedürfnis, die Dinge nicht nur mit dem Verstand, sondern auch mit dem Herzen zu betrachten. Unterstützend wirken kosmische Strahlungen, die seit einigen Jahren ausgehend von der Urzentralsonne auf die Erde treffen. Sie helfen uns Menschen dabei, uns für neue Sichtweisen zu öffnen und unser Bewusstsein zu erweitern.

Letztlich führen diese Entwicklungen zu einem Prozess des globalen Erwachens. Viele Menschen erkennen schon heute, dass sie nach Strich und Faden belogen und betrogen werden. Ihre Reaktionen sind unterschiedlich. Manche beginnen, sich selbst auf die Suche nach der Wahrheit zu begeben. Noch (Dezember 2016) haben wir die Möglichkeit, uns über alternative Kanäle und Medien zu informieren und uns unser eigenes Urteil über das Weltgeschehen zu bilden. Andere richten ihren Fokus eher auf die Erweiterung ihres Bewusstseins durch Meditation und andere Methoden und werden so zu Leuchttürmen für ihre Umgebung. Beide Herangehensweisen liegen selbstverständlich nicht im Widerspruch zueinander. Nutzen wir die Erkenntnismöglichkeiten auf allen Ebenen unseres Seins und wir werden mehr und mehr die dahinterliegenden Zusammenhänge erfassen und Methoden entwickeln, damit umzugehen.

Die Gruppe derer, die sich auf diesen Weg begeben haben, wächst kontinuierlich. Überall richten heute Menschen das Licht ihres Bewusstseins in die finsteren Abgründe von Politik, Wirtschaft, Ökologie, Religion und den vielen Feldern, die damit verflochten sind. Dies stellt eine Bedrohung für die dunkle Seite dar. Ihre Reaktionen auf das einfließende Licht werden schneller und heftiger, aber auch oft unüberlegter. Sie beginnen sich bezüglich der Wirkkraft ihres Handelns zu verkalkulieren und verlieren sich in wildem Aktionismus. Im Grunde merken sie, dass ihre Hochzeit sich in diesen Tagen dem Ende zuneigt und so wollen sie verhindern oder wenigstens verzögern, was in Wahrheit längst nicht mehr zu verhindern ist. Sie liegen sozusagen in den letzten Wehen. Doch verkennen wir nicht, dass gerade diese besonders heftig sein können. Noch lassen viele Menschen die Herrschaft der Eliten über sich zu und diese sind entschlossen, uns die daraus erwachsende Macht spüren zu lassen.

Unsere dreidimensionale Welt ist auf Dualität und Polarität aufgebaut. Jede Medaille hat ihre zwei Seiten, jede Angelegenheit ihre zwei extremen Pole. Doch es gibt auch die Kante der Medaille, die verbindend zwischen ihren beiden Seiten liegt und die gemäßigten Zonen zwischen den Extremen. Beim Beispiel der Temperatur könnten wir diese beiden Pole als heiß und kalt bezeichnen. Dazwischen liegen unendlich viele Abstufungen. Wer sich weder zu heiß noch zu kalt hingezogen fühlt, mag es vielleicht eher mäßig warm. Wer die Welt ausschließlich in Gut und Böse einteilt, dem entgehen die vielen Varianten dazwischen.

Beim Licht und der Dunkelheit handelt es sich nicht um zwei Pole einer Dualität, sondern um eine Polarität, denn der Schatten ist ohne Licht nicht möglich, er ist sozusagen eine

Folgeerscheinung des Lichts. Wenn es in einem Raum dunkel ist und in dem danebenliegenden hell, dann wird auch der zuvor dunkle Raum mit Licht erfüllt, sobald wir die Tür dazwischen öffnen. Thorwald Dethlefsen hat es einmal so ausgedrückt: *Innerhalb der polaren Welt transmutieren die Lichtkräfte bei einer Begegnung mit den Dunkelkräften immer die Dunkelheit in Licht. Das ist eine Transmutation. Wenn Licht und Finsternis zusammenkommen, siegt immer das Licht, weil es allein existent ist. Das andere ist nicht da.* Vicky Wall, die Frau, die uns das großartige Farbsystem Aura Soma geschenkt hat, fasste eine ähnliche Erkenntnis in die Worte *So etwas wie Dunkelheit gibt es nicht. Es gibt nur die Abwesenheit von Licht.*

Und es **ist** hell geworden, und immer weiter wird die Dunkelheit zurückgedrängt. Alles, was im Dunkel geschehen ist, wird aufgedeckt werden, dunkle Machenschaften sind im Licht nicht weiter zu führen und werden aufhören. Und so werden sich auch die Pläne der Eliten nicht mehr verwirklichen lassen. Dieser Prozess ist an vielen Orten und auf verschiedenen Ebenen für uns alle sichtbar. Wann er zu einem glücklichen Ende gelangt, liegt an uns und der Wachstumsgeschwindigkeit unseres Bewusstseins.

Alles, was wir im Außen erleben, ist nichts anderes als ein Spiegel unserer selbst. Das kosmische Gesetz der Entsprechung lehrt uns unmissverständlich: *Wie innen, so außen - wie außen, so innen. Wie im Großen, so im Kleinen - wie im Kleinen, so im Großen.* Für alles, was es auf der Welt gibt, gibt es auf jeder Ebene des Daseins eine Entsprechung. Das bedeutet auch, dass alles, was wir in unserem irdischen Leben erleben, auch eine Entsprechung auf einer höheren bzw. geistigen Ebene hat. Diese Erkenntnis können wir als Schlüssel nutzen, um uns auch die unsichtbaren Welten zu erschließen, zu denen die meisten von uns direkt keinen Zugang haben.

Wie sich unsere äußere Welt präsentiert, ist demnach ein Abbild unserer inneren Landschaften. Wenn in vielen Gebieten der Erde Not und Hunger herrschen, ist dies ein Zeichen für unsere Einstellung, dass nicht genug für alle da sei. Solange wir von Angst und Mangeldenken erfüllt sind, wird sich daran nichts ändern. Haben wir einmal erkannt, dass wir uns unsere eigene Welt erschaffen, fangen wir am besten erst einmal in unserem eigenen Inneren damit an. Befinden wir uns in Harmonie mit uns selbst, sind wir gleichermaßen in Harmonie mit der äußeren Welt. Wenn wir uns verändern, wird sich auch alles um uns herum verändern.

Der neue Blick in die Zukunft

Die lineare Zeit, wie wir Menschen sie zu unserer Orientierung auf der Erde geschaffen haben, gibt es auf den höheren Dimensionsebenen nicht. Karl Gamper hat diesen Sachverhalt einmal in einem sehr anschaulichen Bild verdeutlicht: Wenn wir von außen auf einen Eisenbahnwaggon mit drei Fenstern schauen, dann entspricht das linke Fenster unserer Vergangenheit, das mittlere unserer Gegenwart und das rechte unserer Zukunft. Wenn wir jedoch in dem Waggon Platz genommen haben, spüren wir plötzlich, dass es sich um **einen** großen Raum handelt. Wir können aus dem einen oder anderen Fenster hinausschauen und unseren Fokus damit auf eine bestimmte Zeitlinie legen, doch im Inneren ist alles eins.

Alles, was wir jemals erleben, denken, fühlen oder tun, findet immer im Jetzt statt, in unserer Gegenwart. Je mehr wir an den Ereignissen unserer vermeintlichen Vergangenheit festhalten, je mehr wir Vorstellungen von und Pläne für unsere vermeintliche Zukunft entwickeln, umso mehr entfernen wir uns vom Hier und Jetzt, umso weniger sind wir präsent und umso mehr zieht das eigentliche Leben an uns vorüber, ohne dass wir es intensiv wahrzunehmen vermögen.

Ungeachtet dieser Erkenntnisse teilen wir die Zeit seit Äonen in Vergangenheit, Gegenwart und Zukunft ein. Aus dieser Sichtweise heraus gab und gibt es bis heute viele Prophezeiungen, Seher und WahrsagerInnen. Wir kennen die Apokalypse oder Offenbarung des Johannes aus der Bibel, das Orakel von Delphi im alten Griechenland, und den großen Seher Nostradamos, der zu Beginn der Neuzeit (1503-1566) lebte. In jüngerer Zeit haben der Bayerische Seher Alois Irlmaier (1894-1959) und die als Baba Vanga bekannt gewordene

Seherin von Petritsch (Bulgarien) von sich reden gemacht. Sie alle haben Ereignisse vorausgesehen, die tatsächlich später eintrafen.

Allen gemeinsam ist, dass sie im Abstiegszeitalter lebten, in einer Zeit, in der die Menschheit tiefer und tiefer in die Dualität hinein strebte, um in der dichten, materiellen Welt ihre Erfahrungen zu machen. In dieser Zeit war das Kommende absehbarer als dies heute der Fall ist. Die Zukunft stand tatsächlich weitestgehend fest und konnte von Hellsichtigen erkannt werden. Seit wir jedoch mit jenen kosmischen Aufstiegsenergien aus der Urzentralsonne konfrontiert werden, können wir unsere Zukunft mehr und mehr selbst gestalten. Wir erinnern uns wieder daran, dass wir selbst Schöpfer oder zumindest Mitschöpfer unseres Schicksals sind. Das gilt für jeden einzelnen ebenso wie für die Menschheit als Ganzes. Diese vor uns liegende Zeit könnte man als Raum der Möglichkeiten bezeichnen. Welche dieser Möglichkeiten sich manifestiert, liegt daran, wohin wir unsere Aufmerksamkeit richten.

Energie folgt den Gedanken und was wir denken und fühlen, wird sich zunehmend schneller in unserer Wirklichkeit manifestieren.

Achte auf deine Gedanken
Denn sie werden zu deinen Worten
Achte auf deine Worte
Denn sie werden zu deinen Taten
Achte auf deine Taten
Denn sie werden zu deinen Gewohnheiten
Achte auf deine Gewohnheiten
Denn sie werden dein Charakter
Achte auf deinen Charakter
Denn er wird dein Schicksal

(Aus dem Talmud)

Zudem hat sich die Zeitqualität in unserer Wahrnehmung dramatisch beschleunigt. Alles befindet sich in ständiger Veränderung. So kommt es, dass es auch Hellsichtigen nicht mehr möglich ist, längere Zukunftszeiträume vorherzusehen. Das trifft auch auf die langen zurückliegenden Vorhersagen wie die Apokalypse oder die Prophezeiungen des Nostradamos zu. Auch heute noch werden sie häufig zitiert und als Orientierung für Kommendes herangezogen. Doch die Ersteller dieser Vorhersagen sahen nur die im Raum der Möglichkeiten verborgenen Optionen, die dem damaligen Entwicklungsstand der Menschheit entsprachen, die damals am wahrscheinlichsten erscheinende Zeitlinie.

Viele Menschen stellen sich auch in Bezug auf ihr persönliches Leben die Frage danach, ob bzw. wieviel davon vorbestimmt sein mag und was sie selbst beeinflussen können. Auch hier hat sich durch die einströmende Aufstiegsenergie vieles geändert. Gab es früher, zu Zeiten der Abstiegsenergie, detaillierte Seelenpläne, die auch das Durchleben und Durchleiden von Krankheiten und anderes Ungemach als Wachstumschance der Seele beinhalten konnten, so ist dort heute nur noch Allgemeineres verankert. Das kann zum Beispiel ein bestimmtes Wachstumsziel sein. Wie wir dieses im Laufe unseres Erdenlebens dann erreichen, ist uns selbst überlassen. Heute gibt es oft verschiedene Wege, die wir wählen können und es bleibt unseren Bedürfnissen überlassen, für welchen wir uns entscheiden. Wir sollten im Auge behalten, dass dieser Weg in der

Aufstiegsenergie in jedem Fall auch leicht und freudvoll sein darf und nicht so steinig und uneben wie wir das aus der Vergangenheit oft kannten.

Teil II Der gefangene Mensch

Das, was außen ist und innen, bist du.
Du bist erhaben, immer und in jeder Lage.
Warum also lässt du dich täuschen?

Und warum irrst du hin und her wie ein Geist?

(Avadhuta Gita)

Macht oder Ohnmacht?

In den vergleichsweise reichen mitteleuropäischen Ländern leben die meisten Menschen in den letzten Jahrzehnten in relativem Wohlstand. Wie wir wissen, gibt es Regionen auf der Welt, in denen dies vollkommen anders ist, wo Krieg, Bürgerkrieg und Hunger herrschen und wo die dort lebenden Menschen um das nackte Überleben kämpfen. Wir wissen nicht, ob und wann unsere komfortable Situation sich einmal ändern wird. Von den Medien werden wir vor drohenden bürgerkriegsähnlichen Zuständen gewarnt und selbst die Bundesregierung rät zur Bevorratung von Nahrungsmitteln und Trinkwasser für eine Mindestdauer von 14 Tagen. Für die folgenden Betrachtungen gehen wir von dem Status Quo-Zustand (März 2017) in unseren Breiten aus.

Häufig fühlen wir uns unfrei. Wir sind Teil der Gesellschaft, leben in unseren Familien und Beziehungen, erledigen unsere Arbeit und, wenn es gut geht, haben wir noch ein wenig Freizeit, um dem ein oder anderen Hobby nachzugehen. Wir sind eingebunden in eine größere Organisation, eine Obrigkeit, der gegenüber wir zahlreiche Verpflichtungen haben: Wir müssen unsere Neugeborenen beim Standesamt anmelden, unser Auto, unser Haustier und nicht zuletzt uns selbst bei amtlichen Stellen registrieren lassen, unsere Steuererklärung fristgerecht erledigen und unsere Rechnungen bezahlen - Tag für Tag, Monat für Monat, Jahr für Jahr dasselbe oft als eintönig empfundene Spiel, dieselben immer wieder kehrenden Prozeduren. Wie in dem berühmten Film *Und täglich grüßt das Murmeltier* beschrieben, haben wir oft das Gefühl, in einer Endlosschleife festzustecken, aus der wir nicht entfliehen können. Manchmal versuchen wir etwas Salz in die Suppe zu geben, indem wir Dramen in unserem Leben initiieren. Oft unbewusst provozieren wir unsere Mitmenschen und erzwingen damit Reaktionen, die Veränderung auslösen können. Doch selbst, wenn wir in Folge dessen einen neuen Job oder Partner in unser Leben ziehen, erfasst die Routine uns nach kurzer Zeit wieder neu. Auch diese Dramen können wir immer und immer wiederholen, möglicherweise auf vielfältige Weise variieren, doch letztlich werden sie Teil der Endlosschleife.

Nur wenige existentielle Erlebnisse vermögen uns aus dieser Routine herauszuholen. Geburt und Tod, Meditations- und Einsseins-Erfahrungen gehören zu jenen tiefen menschlichen Erfahrungen, die uns erahnen lassen, dass wir in etwas viel Gewaltigeres eingebunden sind als in unsere weltlichen Beziehungen und Obrigkeitsstrukturen. Es gibt Anzeichen dafür, dass versucht wird, auch diese letzten Dinge des Lebens, mehr und mehr zu institutionalisieren und zu manipulieren. Unsere Kinder erblicken in Krankenhäusern und häufiger denn je per Kaiserschnitt das Licht der Welt, unsere Alten und Kranken sterben in ähnlicher Umgebung unter dem Einfluss bewusstseinsverengender Medikamente. Unser Bedürfnis nach Spiritualität wird von Religionen institutionalisiert und in Gotteshäuser gesperrt. Unsere Sexualität und unser Bedürfnis nach menschlicher Nähe werden eingeschränkt, sei es durch die Institution der Ehe oder durch die Verbreitung von Pornographie. Letzteres steht für die bewusst postulierte Trennung von Liebe und Sex, die eine verheerende Verarmung unseres Gefühlslebens zur Folge haben kann. Mit dieser Aussage soll nicht der Eindruck vermittelt werden, dass

Sexualität an Bindung zu koppeln sei, im Gegenteil: Bindung schafft Abhängigkeit, ein wenig gedeihlicher Nährboden für wahre Liebe. Doch Liebe sollte im Spiel sein, wenn zwei Menschen sich auf eine solch intime Weise begegnen, auch wenn es sich nur um eine flüchtige Begegnung handeln sollte.

An dieser Stelle erscheint es angebracht, unser Verständnis von Liebe einer Überprüfung zu unterziehen. Die persönliche Liebe zu anderen Wesen kennt viele Ausprägungen, wie zum Beispiel Mutterliebe, Liebe zu den Eltern, den Kindern, der Freundin, dem Freund, dem Haustier oder dem Lebenspartner. Es scheint so, als wäre kaum ein anderer Begriff so strapaziert und häufig missverstanden wie dieser, denn natürlich gibt es in allen diesen Bereichen die tiefe und aufrichtige Herzensliebe. Doch vieles davon beruht auch auf alten Abhängigkeitsmustern und gesellschaftlichen Konstrukten und Konventionen. Selten ist unsere Liebe wirklich frei von Bedingungen. Meist unbewusst koppeln wir sie an eine bestimmte Erwartung an denjenigen, dem wir sie entgegenbringen. Wir schenken sie nicht wirklich, sondern wir gehen einen Tauschhandel ein, nach dem Motto: Wenn du dich auf eine bestimmte Art und Weise verhältst, dann bist du für mich liebenswert.

Universelle Liebe dagegen ist einfach da, wenn wir unser Herz öffnen. Sie hat nichts mit den Gefühlsschwankungen von Verliebtheit zu tun, zeigt sich eher still und gleichmäßig, ähnlich einer tiefen immerwährenden Dankbarkeit. Wir empfinden sie uns selbst gegenüber ebenso wie jedem Wesen auf dieser Erde, der Erde selbst und dem Universum. Sie ist bedingungslos, sprich unabhängig von dem, was die anderen tun, denken oder sagen. Sie entspricht ihrem männlichen Pendant dem Licht und bildet mit ihm zusammen die stärkste Kraft im Universum.

Es geht nicht darum, alle Äußerungen und Handlungen anderer gut zu heißen oder jedem einzelnen Menschen unsere persönliche Zuneigung zu schenken. Wir müssen auch nicht alles mit uns machen lassen, sondern wir dürfen klare Grenzen gegenüber unseren Mitmenschen ziehen. Dennoch bleiben wir immer in dem Grundzustand der bedingungslosen Liebe, empfinden Mitgefühl und verurteilen jene nicht, die uns nicht wohlgesonnen sind oder guttun. Zugegebener Maßen ist dies ein hoher Anspruch, doch wir können uns darin üben. Wenn wir diesen Weg beschritten haben, fallen wir vermutlich immer mal wieder in die alten anerzogenen Verhaltensmuster zurück und empfinden Ärger oder Enttäuschung über andere, wenn sie sich nicht so verhalten, wie von uns gewünscht. Doch wir können uns auch immer wieder liebevoll und ganz bewusst von diesen überkommenen Verhaltensweisen verabschieden.

Daran wachsen wir und die bedingungslose Liebe in uns kann sich stabilisieren.

Eine besondere Herausforderung stellt es dar, unsere bedingungslose Liebe auch auf jene Kräfte auszudehnen, die uns in unserer vermeintlichen Ohnmacht gefangen halten möchten. Wir sehnen uns nach Freiheit und grenzenloser Entfaltung unserer Möglichkeiten und werden doch an so vielen Stellen daran gehindert. Angefangen bei behördlichen Genehmigungen, die wir benötigen, um einen individuellen Anbau an unser Haus zu setzen über ungerechtfertigte Steuerforderungen bis hin zu Versicherungsansprüchen, die man uns verweigern möchte. Manchmal fühlen wir uns bereits angesichts dieser Übermacht ohnmächtig, doch wir durchschauen immer mehr, dass die ausführenden Organe, die uns da das Leben schwer zu machen versuchen, nur die letzte Stufe der Erfüllungsgehilfen eines größeren Plans sind. Die eigentlichen Kräfte, die hinter diesen Formen von Beschränkung stehen sind nicht Behörden, Verwaltungen, Gerichte oder Regierungen. Vielmehr stehen die Hochfinanz, die globalen Großindustrien für Waffen und chemische Produkte, mächtige Geheimorganisationen sowie die höchsten Würdenträger unserer Religionen dahinter, um hier nur einige der im Hintergrund Wirkenden zu nennen. Diese werden ihrerseits gelenkt von finsteren Mächten, die nicht von dieser Welt sind.

Auf dieses riesige, in Jahrtausenden aufgebaute und erhaltene Gebäude der Herrschaft über die Menschheit fällt nun von überall her gleißendes Licht und die Fratze wird für uns alle sichtbar. Dadurch haben wir die Möglichkeit zu erwachen und herauszufinden, wie sich diese Machtstrukturen in allen Bereichen unseres Lebens bisher ausgewirkt haben. Einige der uns nahen Bereiche sollen hier etwas näher beleuchtet werden, denn dieses Buch möchte dazu beitragen, dass wir erkennen, in welche Strukturen wir bislang verstrickt waren und es bis heute sind. Wenn wir uns gleichzeitig daran erinnern, dass wir alles andere als unbedeutende Erdenbürger und unwertes Menschenmaterial sind, wie die (noch) Herrschenden uns zu suggerieren versuchen, haben wir tatsächlich die Chance, das Blatt zu wenden und ein Leben in Frieden und Freiheit auf der Erde zu erschaffen.

Das persönliche Leben

Als menschliche Wesen sollten wir eigenständige, selbstbestimmte Individuen sein. Doch allein sind wir besonders zu Beginn unseres Lebens auf der Erde nicht fähig, zu überleben. So sind wir eingebunden in größere Einheiten, unsere Familie und die Gesellschaft unseres Kulturkreises. Wie wir uns selbst und die Welt erleben, hängt wesentlich von unserer Prägung in frühen Kindheitstagen ab. Die ersten

Menschen, die unser Leben maßgeblich beeinflussen und in bestimmte Bahnen lenken, sind unsere Eltern, denen die Aufgabe zukommt, uns Selbstwertgefühl, innere Stärke und Urvertrauen zu vermitteln. Grundsätzlich kann das nur geschehen, wenn wir in eine intakte Familie hineingeboren werden, in der sich die Mitglieder in gegenseitiger Achtung begegnen.

Doch selbst wenn diese Voraussetzung gegeben ist, handeln Eltern nicht immer ausschließlich aus ihrer eigenen bedingungslosen Liebe heraus. Sie selbst sind Mitglieder der Gesellschaft, als solche ebenfalls in Prägungen verhaftet und sie können nur weitergeben, was sie selbst gelernt und erfahren haben. In aller Regel tun sie das in bester Absicht. Nicht nur unsere Eltern und Großeltern prägen unser Leben, auch unser Ahnen, die viele Generationen vor uns lebten, haben energetischen und auf physischer Ebene auch genetischen Einfluss auf uns heute. Sie können uns den Rücken stärken oder die Ursache für vielfältige Schwierigkeiten in unserem aktuellen Leben liefern.

Und wer prägt die Gesellschaft als Ganzes? Wer legt fest, welchen Normen wir zu folgen haben, was Sitte und Moral für unser Verhalten vorschreiben? Wir meinen vielleicht, dass dies ein natürlicher geschichtlicher Prozess sei, in dem sich neue geistige Strömungen von selbst bilden, entsprechend dem Entwicklungsstand der Menschheit im jeweiligen Zeitalter. Doch dies ist nur die halbe Wahrheit. Unsere Entwicklung wurde und wird auch von Machthabern im Hintergrund des Geschehens manipuliert und gesteuert, heute mehr denn je. Geschah dies bereits zu Zeiten der Französischen Revolution durch die geistige Vorbereitung der Ereignisse vom Sturm auf die Bastille bis hin zum anschließenden Staatsterror am Ende des 18. Jahrhunderts durch Freimaurerlogen und Illuminaten, so geschieht es heute durch umfassenden Mind Control über unsere Smartphones, WLan und globale Anlagen, wie Haarp und ähnliches. Die Methoden sind nicht neu, doch sie sind effektiver und perfider geworden.

Oberflächlich betrachtet scheint es so, als sei unser Lebensweg in unserem Kulturkreis früher stärker durch Gesellschaft und die dahinterstehenden Mächte vorgegeben gewesen als das heute der Fall ist. Noch zu Beginn des vorigen Jahrhunderts gab es kaum eine Alternative dazu, dass wir als junge Erwachsene eine Ausbildung absolvierten, heirateten, eine Familie gründeten und in Abhängigkeit von unserem Geschlecht entweder den Haushalt führten oder durch unsere Berufstätigkeit das Familieneinkommen sicherten. Heute haben wir vermeintlich größere Freiräume, unser Leben zu gestalten. Doch trifft dies wirklich zu? Die Geschlechterrollen mögen sich ein Stück weit gewandelt haben, doch sind wir wirklich heute schon Schöpfer unseres eigenen Lebens?

Spätestens, wenn wir in der Routine des Erwachsenenalltags gefangen sind, haben wir oft nicht mehr das Gefühl, uns frei entwickeln zu können. Wir leben in einem Beziehungsgeflecht mit anderen Menschen, zu denen vielfältige Abhängigkeitsverhältnisse bestehen. Als Kinder unserer Eltern fühlen wir uns für diese verantwortlich, wenn sie alt und krank werden und empfinden dies oft als Belastung. Als Eltern unserer Kinder sorgen wir uns um deren Wohlergehen bis weit in ihr Erwachsenenalter hinein. Oft tun wir uns schwer, sie einfach los zu lassen und Vertrauen in sie und ihren Weg zu entwickeln. Als Arbeitnehmer gehen wir häufig ungeliebten Jobs nach, die uns Stress, doch keine innere Erfüllung bereiten. Wir meinen, durchhalten zu müssen, weil uns sonst der wirtschaftliche Ruin drohen könnte, so lange, bis wir schließlich an Burn Out oder einer anderen Erkrankung zusammenbrechen. Als FreundInnen meinen wir, immer ein offenes Ohr für die Dramen unseres Gegenübers haben zu müssen und fühlen uns nach endlosen und ebenso fruchtlosen Diskussionen einfach nur ausgelaugt. Als Partner/Partnerin erleben wir oft selbst die Nähe zu unseren Auserwählten als Routine oder gar Einengung, obwohl gerade diese Nähe uns doch zu Beginn unserer Beziehung so glücklich machte.

Wenn wir unser Leben wie beschrieben erleben, sind wir keine Schöpfer, sondern Erdulder unseres Schicksals. Wir finden uns mit nicht befriedigenden Situationen ab, weil wir meinen, unsere Pflichten erfüllen und funktionieren zu müssen. So hat man es uns beigebracht und so ist es tief in unserem Inneren verwurzelt.

Doch wir können den Spieß auch umdrehen. Wir können uns innerlich aus all diesen Abhängigkeiten befreien, ergründen, was der Plan unserer Seele für dieses Leben wirklich vorsieht und diesen kompromisslos leben. Das muss nicht heißen, dass wir all die aufgezählten Lebensbereiche einfach hinter uns lassen, es bedeutet nur, dass wir sie aus einer anderen Motivation heraus ausfüllen. Nicht **was** wir tun, sondern **wie** wir es tun steht im Vordergrund. Wir tun all diese Dinge nicht deshalb, weil sie von uns erwartet werden, sondern weil wir von Liebe erfüllt sind. Dann erleben wir das Alter unserer Eltern nicht mehr als Belastung, sondern voller Dankbarkeit und Freude darüber, dass wir ihnen nun das zurückgeben dürfen, was sie für uns getan haben. Den Werdegang unserer Kinder verfolgen wir mit Zuversicht und voller Vertrauen, dass sie ihr Leben meistern werden. Unsere Arbeit gestalten wir im Rahmen unserer Möglichkeiten selbstständig und kreativ und wenn das nicht funktionieren sollte, kündigen wir sie und suchen nach anderen Wegen zur Sicherung unseres Lebensunterhalts. Unseren Freunden und Lebenspartnern gegenüber setzen wir Grenzen. Gern sind wir bereit, in Liebe auf ihre Themen einzugehen und gemeinsam nach Lösungen zu suchen, doch wir lassen uns nicht von Ihnen vereinnahmen und als Schuttabladeplatz benutzen. Wir können uns ausrichten auf das, was uns selbst gemäß ist, befreit von jeglicher Fremdbestimmtheit. Wenn es uns gelingt, das, was uns im tiefsten Inneren mit Freude erfüllt, zur Maxime unseres Lebens zu machen, werden wir vom Opfer zum Gestalter. Dann strahlen wir von innen heraus und sind ein wahrer Segen für uns selbst und jedes Wesen, das unseren Lebenspfad kreuzt.

Mehr und mehr Menschen erkennen heute, dass nur die zuletzt beschriebene Art und Weise des Lebens für sie selbst und ihre Mitwelt wirklich erfüllend sein kann. Voraussetzung dafür ist, dass wir wissen, wie wir unser Leben wirklich gestalten möchten. Dafür müssen wir meist etwas tiefer graben als wir es aus dem bisherigen Alltagsleben gewohnt sind. Meist können wir zwar ganz genau benennen, was wir **nicht** wollen, was uns wirklich glücklich macht, dagegen nicht. Die Antwort auf diese Frage liegt allein in unserem Inneren, im Außen werden wir sie niemals finden. Der Tiefenpsychologe, Carl Gustav Jung drückte es so aus: *Wer nach außen schaut, träumt. Wer nach innen schaut, erwacht.* Wir werden sie auch nicht mit unserem Verstand entdecken, sondern nur mit unserem Herzen. Wenn wir wirklich bereit für diesen entscheidenden Schritt sind, finden wir Wege und Möglichkeiten, ihn zu gehen. Wir können uns Unterstützung bei den zahlreichen Methoden holen, die uns heute für das Beschreiten unseres spirituellen Weges zur Verfügung stehen. Hilfreich ist es, wenn wir uns bei der Suche nach Selbsterkenntnis nicht auf unsere Persönlichkeit in diesem Erdenleben beschränken. Auch und gerade unsere höheren Wesensanteile wie unsere Seele und unser „Höchster Ursprung" wollen und sollen bei der Gestaltung unseres neuen Schöpferdaseins zu Wort kommen. Dann erfahren wir uns als geistiges Wesen in unserer Ganzheit, samt unserer ewigen, nicht sterblichen Aspekte. Unsere Persönlichkeit können wir dann aus der Vogelperspektive von oben betrachten, als Beobachter unserer irdischen Rollenspiele. Die Distanz, die wir dadurch zu unserem Alltagsleben gewinnen, erlaubt es uns, die Dramen unseres Lebens wie ein Spiel wahrzunehmen, mit Leichtigkeit statt mit bitterer Ernsthaftigkeit. Aus dieser Perspektive erkennen wir auch, dass wir unsere Erfahrungen genauso machen mussten, wie es geschah, um zu gewissen Einsichten zu gelangen, auch wenn die Erfahrungen aus Sicht unserer Persönlichkeit schmerzhaft gewesen sein mögen. Für die höheren Aspekte unseres Menschseins gibt es kein gut oder schlecht.

Aus Sicht des Erdenmenschen können wir uns nicht alle Menschen aussuchen, mit denen wir in unserem Leben zu tun haben. Gerade in Beziehungen mit nahestehenden Personen aus Familie und Verwandtschaft liegen immer wieder große Herausforderungen. Aus Sicht der geistigen Welt suchen wir uns jedoch die Seelen aus, die dann als Eltern, Geschwister, Partner oder eigene Kinder auf der Bühne unseres Lebens in Erscheinung treten. Dabei machen wir es uns nicht leicht, denn wir wollen ja etwas dazulernen. In der Meisterung dieser engen Beziehungen liegt unser größtes Entwicklungspotential. Dabei geht es nicht unbedingt immer darum, perfekte Harmonie und tiefste Zuneigung zu erreichen. Die Seelen sind häufig so verschieden, dass sie sich nur bis zu einem gewissen Grad nahekommen können. Aber was immer im Bereich des Möglichen liegt, ist zumindest ein friedliches Auskommen und gegenseitige Akzeptanz. Auch wenn es nicht gelingt, den anderen in seiner Eigenart gänzlich zu verstehen, so können wir ihn immerhin so annehmen, wie er ist.

Wenn wir im engeren Umfeld Frieden schaffen, leisten wir damit auch einen Beitrag zum Frieden in der Welt. Je mehr Menschen das tun, desto mehr Frieden wird es geben. Der Schlüssel dazu liegt im achtsamen Umgang mit dem eigenen Bewusstsein. Dort fängt alles an. Lassen wir es nicht zu, dass wir aus unserer Mitte gerissen werden. Hüten wir unseren inneren Frieden wie den heiligen Gral. Wenn er gestört wird, sollten wir alles daransetzen, um wieder Ausgeglichenheit und eine positive innere Haltung zu erlangen.

Wie zuvor schon erwähnt, leben wir seit der großen Wende im Jahr 2012 im Aufstiegszeitalter. Im Hinblick auf die Erkenntnis unserer selbst bedeutet das, dass unser spiritueller

Weg leichter geworden ist, als er es in Zeiten des Abstiegs in die Dichte der Dualität und der Materie gewesen ist. Wir müssen nicht mehr ein Leben lang als Eremit in einer Höhle meditieren und Persönlichkeit und Ego hinter uns lassen, um zur Erleuchtung zu gelangen. Unser Aufstieg erfolgt heute mit unserem gesamten Wesen samt aller seiner Anteile. Er geschieht zwangsläufig, ob wir diesen Weg bewusst beschreiten oder nicht, allein die Geschwindigkeit ist eine andere. Wenn wir in diesem Leben aktiv in diese Richtung wirken, können wir dieses Ziel in wenigen Monaten oder Jahren erreichen, halten wir an überkommenen Mustern fest, dauert es vielleicht noch zwei oder drei weitere Inkarnationen. Die Entscheidung liegt ganz bei uns.

Nahrung und Ernährung

Unsere Essgewohnheiten haben sich geändert. Schauen wir in ein Kochbuch aus den fünfziger Jahren des vorigen Jahrhunderts, sind wir erstaunt über die dort angegebenen Mengen an Fett, Fleisch und Zucker. Das mag angesichts der damals gerade erlittenen Hungersnot weiter Bevölkerungskreise verständlich sein, denn unsere Eltern und Großeltern hatten den Wunsch, jetzt wieder aus dem Vollen zu schöpfen. Gesund war es sicher nicht. Seit etlichen Jahrzehnten hat sich bei vielen die Erkenntnis durchgesetzt, dass ein Zuviel an Zucker, Fett und Proteinen der Gesundheit abträglich sein kann.

Doch gleichzeitig werden so viele Fertigprodukte verzehrt wie nie zuvor. Bedingt durch unsere moderne Lebensweise, haben wir weniger Zeit und Muße zum Kochen und greifen schnell mal zur Tiefkühlpizza oder kehren auf dem Weg zu unserer nächsten Station bei einem Schnellimbiss ein. Dort sitzen oder stehen wir neben anderen Eiligen und schlingen die aus minderwertigem Hack oder Schweineabfällen und süßem koffeinhaltigem

Getränk bestehende Kost hinunter, nicht ohne dabei enorme Berge an Müll zu hinterlassen. Diese Form der Nahrungsaufnahme hat mit einer bewussten Ernährung wenig zu tun. Besagte Ketten eröffnen ihre Filialen seit vielen Jahrzehnten in der ganzen Welt und waren damit Vorreiter der Globalisierung. Wir dürfen sicher sein, dass die verwendeten Produkte aus Massentierhaltung und Monokulturen stammen, anders wären Verbreitungsgrad der Fast-Food-Ketten und die dort praktizierte Massenabfertigung gar nicht zu bewerkstelligen.

Doch möglicherweise hat die Art der Verköstigung noch einen ganz anderen Aspekt. Die Betreiber der Einrichtungen könnten ihren Verbreitungsgrad bewusst dazu (aus)nutzen, uns im großen Stil mit Energien zu versorgen, die uns schwächen und auf die Dauer erkranken lassen. Tiere, die in Massentierhaltung gehalten werden, verhalten sich gegenüber freien artgerecht gehaltenen wie versklavte Menschen gegenüber bewussten. Sie wirken wie Maschinen, die gezwungen werden, für sie unnatürliches Mastfutter in sich hineinzufressen, vegetieren auf engstem Raum, wo sie sich an ansteckenden Krankheiten infizieren, sofern sie nicht bis zu ihrem gewaltsamen Tod mit Antibiotika gefüttert werden. Hormone zur Erhöhung der Fleischausbeute runden den Medikamentencocktail ab. Auf dem Weg zum Schlachthof werden sie lebend eng zusammen gepfercht in großen Lastwagen transportiert, halb betäubt vor Angst vor dem drohenden Tod. In Angstzuständen werden körpereigene Stoffe ausgeschüttet, die im später zum Verkauf dargebotenen Fleisch verbleiben, ebenso wie die zuvor verabreichten Medikamente. All diese Stoffe und Energien verzehren wir als Verbraucher (un)freiwillig mit.

Nicht viel ermutigender sieht es mit den wenigen von Fast-Food-Ketten angebotenen Gemüse- und Salatbeilagen aus. Wir wissen nicht, aus welchen Anbaugebieten sie stammen, in wie weit sie mit Pflanzenschutzmitteln behandelt und möglicherweise genmanipuliert sind.

Vielleicht distanzieren wir uns auch von dieser Art der Ernährung, legen besonderen Wert auf beste Qualität unserer Nahrung und kaufen Produkte aus biologischem Anbau oder einfach von einem bekannten Bauern aus der Nachbarschaft, über dessen Anbaumethoden wir meinen, Bescheid zu wissen. Doch die Spielräume für die Verwendung hochwertigen Saatguts und für den Anbau bewährter Obst- und Gemüsesorten werden immer geringer. Schon lange sind es nicht mehr die Landwirte, die über die Verwendung von Futtermitteln und die Auswahl von Gemüsesorten entscheiden, es sind übergeordnete Organisationen auf Ebene der Europäischen Union. Internationale Freihandelsabkommen sollen dafür sorgen, dass die Verantwortlichen sich noch eine Stufe weiter von uns entfernen und für uns als Bauern oder Endverbraucher vollkommen unerreichbar sind.

Das alles geschieht zu unserem Wohl und zur gerechteren Verteilung von Nahrungsmitteln in der Welt? Ganz sicher nicht! Es dient ausschließlich der Konzentrierung von Macht und zur Schaffung von Absatzmärkten. Hier sind Interessengruppen großer Player wie Chemischer Konzerne involviert, was den Pflanzen, Tieren und Menschen dieser Erde zuträglich wäre, findet in diesem Spiel keine Berücksichtigung. Interessant in diesem Zusammenhang ist die nähere Beschäftigung mit dem sogenannten Codex Alimentarius, einem Regelwerk, dessen offizielle Aufgabe laut Kommissions-Website ist, *die Gesundheit der Verbraucher zu schützen und einen fairen Lebensmittelhandel zu gewährleisten, sowie die Abstimmung aller Bemühungen internationaler Regierungen und Nichtregierungsorganisationen um Lebensmittelstandards voranzutreiben.* Dieser Anspruch geriet jedoch laut der Website *https://www.zentrum-der-gesundheit.de/codex-alimentarius-ia.html* immer mehr in Vergessenheit, ja wurde sogar im Laufe der Zeit schlichtweg in sein Gegenteil verkehrt. Ausschlaggebend für die heutigen Reglementierungen des Codex, so ist dort zu lesen, seien nicht Verbraucherinteressen, sondern ausschließlich Machtinteressen der Pharmaindustrie sowie der Welternährungsorganisation (FAO) und der Weltgesundheitsorganisation (WHO), die diesen Codex kontrollierten. Die Folge sei die Einflussnahme auf jegliche Art von Lebensmitteln einschließlich Wasser. Mikro-Nährstoffe wie Vitamine und Mineralien sollten als giftig eingestuft und verboten werden, sämtliche Nahrungsmittel (auch in Bio-Qualität) bestrahlt und zahlreiche bedenkliche Stoffe als nützlich proklamiert werden. Dazu gehören Fluorid, ein Gift, das unter anderem zur Verkalkung unserer Zirbeldrüse führt, sowie der in vielen Light-Produkten zu findende Süßstoff Aspartam, dem zahlreiche gesundheitsschädigende Nebenwirkungen nachgesagt werden. Dies sind nur einige Punkte aus einer langen Liste neuer Richtlinien, die auf der genannten Website mit dem Begriff *Massenmord* belegt werden. Da der Tod der unfreiwilligen Konsumenten solcher Lebensmittel in der Regel erst nach einiger Zeit eintreten dürfte, verdient die Pharmaindustrie ein zweites Mal an ihnen, indem sie sie im Zwischenstadium ihres gesundheitlichen Siechtums mit chemischen Medikamenten versorgt.

Schon heute bekommen wir die mangelnde Qualität unserer Nahrungsmittel zu spüren. Unverträglichkeiten und Allergien gegen Getreide, Milchprodukte und Obstsorten nehmen kontinuierlich zu. Welche Langzeitwirkungen solcherart veränderte Nahrung für uns letztlich hat, werden wir dann vielleicht in einigen Jahren oder Jahrzehnten erkennen.

Dieses Beispiel mag uns zeigen, wie skrupellos versucht wird, Machtinteressen durchzusetzen. Wir können auf unsere Ernährung achten, ausschließlich biologisch angebaute Produkte verzehren oder möglicherweise Obst und Gemüse im eigenen Garten anbauen, doch ganz entkommen können wir diesen Schwächungsversuchen durch die Eliten nicht. Wenn Trinkwasser zu unserem Schaden verändert wird, trifft uns das alle und letztlich können wir uns nicht direkt davor schützen.

Doch wir können etwas Anderes tun: wir können unsere Einstellung verändern. Weder Ignoranz noch Ergebenheit in unser vermeintliches Schicksal helfen uns da weiter, eine latente Kampfhaltung tut es genau so wenig. Erst wenn wir erkennen, dass all das Teil eines großen Plans ist, dem wir selbst einmal zugestimmt haben, brauchen wir die Schuldfrage nicht mehr zu stellen.

Selbstverständlich ist es gut und richtig, wenn wir versuchen, uns bewusst zu ernähren, was immer der einzelne auch darunter verstehen mag. Ob wir (noch) Fleisch und Fisch zu uns nehmen oder uns für eine vegane oder vegetarische Ernährung entschieden haben, immer sollten wir es mit Bedacht tun, die Geschenke der Natur in Dankbarkeit und voller Achtsamkeit annehmen. Von regelmäßigen Horrormeldungen über Geflügelgrippe, Schweinepest, BSE oder verseuchtem Speiseöl sollten wir uns nicht zu sehr beeindrucken lassen. Tun wir den Verbreitern solcher Nachrichten nicht den Gefallen, mit Panik und Angst zu reagieren! Bleiben wir gelassen und konsumieren wir das, was uns verträglich erscheint. Mit dieser Einstellung kann uns nichts wirklich schaden. Zusätzlich können wir unser Bewusstsein auf die Nahrungsmittel richten, die wir verzehren möchten und sie damit für uns unschädlich machen. Eine einfache Methode dazu finden wir unter *www.vikara.de/Geschenke*.

Bildung und Wissenschaft

Ausbildungssysteme sind nicht entwickelt worden, um echtes Wissen zu vermitteln, sondern um das Volk dem Willen der Herrschenden gefügig zu machen. Ohne ein raffiniertes Täuschungssystem in den Schulen wäre es unmöglich, den Schein der Demokratie zu wahren. (...) Es ist nicht erwünscht, dass der normale Bürger selbstständig denkt, weil man der Auffassung ist, dass Leute, die selbstständig denken, schwer zu handhaben sind. (...) Nur die Eliten sollen denken, der Rest soll gehorchen oder den Führern folgen wie eine Hammelherde. Die Doktrin hat, auch in Demokratien, alle staatlichen Erziehungssysteme von Grund auf verdorben. (Bertrand Russel, 1922)

Der Begriff Bildung kommt von Bild, gemeint als Schöpfung, Gestalt, Bildnis. Er wurde durch den mittelalterlichen Mystiker Meister Eckhart in die deutsche Sprache eingeführt und bezeichnet die Formung des Menschen im Hinblick auf die Entwicklung seiner Fähigkeiten und Entfaltung seiner Potenziale. Im Laufe der Geschichte gab es verschiedene Bildungsideale, also Auffassungen darüber, in welche Richtung denn nun der Mensch geformt werden solle. Während für Meister Eckhart das Erlernen von Gelassenheit besonders wichtig war, auf dass der Mensch Gott möglichst ähnlich werden solle, wurde bei späteren philosophischen Ausrichtungen die Entwicklung der individuellen Persönlichkeit in den Vordergrund gestellt. Heute verstehen wir den Begriff häufig eher als Erziehung und Sozialisation, wobei die Ausrichtung auf die innere Bildung unseres Menschseins oftmals in den Hintergrund tritt.

Unser heutiges Bildungssystem geht auf Wilhelm von Humboldt zurück, der davon ausging, dass jeder Mensch von sich aus das Bedürfnis habe, sich zu bilden. Dieses müsse nur geweckt werden, indem man ihm die Möglichkeit der Bildung zugänglich mache. Humboldt erschuf ein mehrgliedriges Schulsystem, in dem jeder nach seinen Fähigkeiten und nach den Anforderungen, die die Gesellschaft an ihn stellt, gefördert werden sollte. Hauptziel dieser Bildung im Humboldtschen Sinne war die optimale Entfaltung der individuellen Persönlichkeit, nicht in erster Linie die Ansammlung von Wissen zu einem bestimmten Zweck in der äußeren Welt.

Was ist aus diesen Idealen geworden?

Unsere Bildung im oben beschriebenen Sinne beginnt unmittelbar nach unserer Geburt.

Sie geschieht automatisch durch die Fürsorge derjenigen Personen, die uns umgeben und von denen wir Verhaltensweisen und die Art des Umgangs miteinander übernehmen. In den ersten Monaten unseres Lebens vollzieht sich dieser Prozess mehr oder weniger unbewusst. Im Kleinkindalter entdecken wir dann irgendwann unseren eigenen Willen und versuchen, diesen gegen die Regeln der Erwachsenenwelt durchzusetzen. Die Erwachsenen bezeichnen dieses erste Aufbäumen bezeichnenderweise als Trotzphase, denn als Erziehungspersonen empfinden wir es als störend oder allenfalls als belustigend, wenn unser Nachwuchs partout nicht in dieselbe Richtung gehen will wie wir. Aus Sicht des Kindes stellt diese Lebensphase eine wichtige Entwicklungsstufe und einen kleinen Vorgeschmack darauf dar, dass auch in unserem späteren Leben der bloße Widerstand gegen die Übermacht der „Obrigkeit“ wenig erfolgversprechend ist. Es liegt in der Absicht und im Geschick der Erziehungspersonen, inwieweit es ihnen gelingt, ihrem Kind in dieser schwierigen Entwicklungsphase liebevoll Sicherheit und Schutz zu vermitteln, ohne es allzu sehr einzuengen. In dem Moment, in dem wir die Kampfposition verlassen, werden sich die Widerstände unseres Kindes weitgehend auflösen.

Schon früh beginnt das heutige Kleinkind, Bildungserfahrungen auch außerhalb seines Elternhauses zu sammeln, denn ihm steht zumindest theoretisch ein Krippenplatz zu. Mit drei Jahren beginnt dann die Kindergartenzeit, die in den letzten Jahren mehr und mehr auch auf die Nachmittagsstunden ausgeweitet wurde. In der Tat stellt diese Ausdehnung der Betreuungsmöglichkeiten für viele berufstätige Eltern eine große Erleichterung dar und die Kinder mögen es als Bereicherung empfinden, wenn sie frühzeitigen Kontakt zu Gleichaltrigen erhalten, was in den heutigen Kleinfamilien auf natürliche Weise nicht gegeben wäre.

Wenn wir uns an das Eingangszitat von Russel erinnern, gibt es jedoch durchaus auch Aspekte dieser Entwicklung, die uns nachdenklich stimmen könnten. Tatsache ist, dass wir durch die Inanspruchnahme der frühkindlichen Betreuungsmöglichkeiten als Eltern schon früh einen nicht unerheblichen Teil der Verantwortung für unsere Kinder in fremde Hände geben. Wir mögen Vertrauen in diese Hände haben, soweit es die ErzieherInnen betrifft, die wir persönlich kennen und mit denen wir uns in direktem Kontakt austauschen können. Doch hinter diesen stehen größere Interessen. Sicher ist es kein Zufall, dass in allen totalitären Systemen wie zum Beispiel der ehemaligen DDR großer Wert daraufgelegt wurde, Kinder möglichst früh dem Einfluss der Familien zu entziehen und sie somit in das Kontrollsystem des Staates einzubinden. Wir können uns vorstellen, dass in diesen Einrichtungen nichts an die Schutzbefohlenen vermittelt werden sollte, was den staatlichen Vorgaben widersprochen hätte. Um es deutlicher zu sagen, die Kinder wurden von klein auf zu Untertanen des Systems erzogen. Wir mögen einwenden, diese Zeiten seien vorbei, wir lebten heute in einem freien Land und niemand habe ein Interesse daran, Kinder in irgendeiner Weise zu indoktrinieren. Doch geben wir uns keinen Illusionen hin: In unserer scheinbaren Demokratie ist das Interesse der Eliten an unserer Tiefenindoktrination nicht weniger ausgeprägt. Diese Art der Einflussnahme bezieht sich auf komplette Weltbilder, die uns in den staatlichen Bildungseinrichtungen vermittelt werden. Sie sind derart tief in uns verankert, dass sie auch im Erwachsenenalter nur schwer durch Fakten korrigierbar sind.

Die meisten ErzieherInnen werden sich nicht bewusst als Werkzeuge einer Obrigkeit verstehen. Doch die Möglichkeiten der staatlichen Einflussnahme sind subtil. Um nur ein Beispiel für den Einfluss auf die Erziehungseinrichtungen für Kleinkinder zu nennen: Noch gibt es in Deutschland keinen Impfzwang, und dennoch sind Impfungen häufig Voraussetzung für die erfolgreiche Anmeldung an einer Kindertagesstätte.

Mit meist sechs Jahren setzt sich unser Werdegang im Bildungswesen dann mit unserer Einschulung fort. Die Schulpflicht für alle in Deutschland lebenden Kinder ist eine Errungenschaft der Neuzeit. Je nach Bundesland gibt es etwas voneinander abweichende Regelungen über die Einschulungszeitpunkte sowie die Dauer der Schulpflicht, denn die Kulturhoheit obliegt den Länder und deren Verfassungen. Die Grundlage für die spezifischen

Länderregelungen bietet Art. 7 Abs. 1 des Grundgesetzes, in dem es heißt *Das gesamte Schulwesen steht unter der Aufsicht des Staates.* Lokale Vorgängerversionen der heutigen Schulpflicht gab es bereits seit dem 16. Jahrhundert, als das Schulrecht durch die Kirchenordnungen geregelt wurde. Als Vorreiter gilt das Herzogtum Pfalz-Zweibrücken, das bereits 1592 als erstes Territorium der Welt die *allgemeine Schulpflicht für Mädchen und Knaben* einführte. In den darauffolgenden Jahrhunderten folgten zahlreiche Einzelregelungen, die jedoch nur schwer umgesetzt werden konnten, denn die überwiegend bäuerlich geprägte Bevölkerung wollte und konnte nicht immer auf die Arbeitskraft ihrer Kinder verzichten. So mag es damals ohne die technische Ausrüstung der staatlichen Kontrollorgane noch möglich gewesen sein, dem System durch die Maschen zu schlüpfen.

Auch heute wird von uns in der Grundschule unauffälliges Verhalten erwartet. Es gibt Schüler, die aufgrund ihrer Andersartigkeit aus der normalen Schule ausgesondert werden. Oft wird gar nicht oder erst spät erkannt, welch außergewöhnliche Begabungen sie mitbringen. Sie passen schlichtweg nicht in den Schulalltag hinein. Seit einigen Jahrzehnten werden nicht wenige Kinder geboren, die als Indigos, Emissions-, Regenbogen- oder Kristallkinder bezeichnet werden. Sie zeichnen sich durch eine hohe Sensibilität, ein anderes Bewusstsein und meist auch durch besondere Fähigkeiten aus, die der Durchschnittsmensch nicht besitzt und mit denen er häufig auch nichts anzufangen weiß. Ein Beispiel ist der geniale Zeichner, Stephen Wiltshire, ein inzwischen junger Mann, der nach einmaligem Überfliegen mit dem Hubschrauber Städte wie Rom in allen Einzelheiten auf eine Panoramaleinwand bringen kann, bis hin zur Anzahl der Säulen und Fenster bestimmter Gebäude. Er gilt als autistisch und musste eine Schule für geistig Zurückgebliebene besuchen.

Auch wenn wir unruhig sind und dem Unterricht nicht folgen wollen oder können, werden wir allzu leicht in bereits für uns geöffnete Schubladen einsortiert. Beliebt ist die eilige Einstufung als sogenanntes ADHS-Kind. ADHS wird als eine Störung der Aufmerksamkeits- und Konzentrationsfähigkeit beschrieben. Eigentlich ist es doch gar nicht so verwunderlich, wenn Kinder einen natürlichen Bewegungsdrang haben, den sie heute nur noch selten in freier Natur ausleben können. Zudem sind sie vielen Reizen ausgesetzt, die es so früher nicht gab. Sind sie deshalb gleich krank? Doch die angebliche Abweichung von der Norm wird den ratlosen Eltern von Expertenseite attestiert und ihnen eine „multimodale Therapie“ empfohlen. Auch die Einnahme von Medikamenten gehört zu diesem Therapieansatz dazu, in der Regel handelt es sich um sogenannte Stimulanzien, eine *Gruppe von Medikamenten, die das zentrale Nervensystem beeinflusst und bei ADHS-Patienten zu einer Verringerung der für ADHS typischen Symptome führen können* (https://www.mehr-vom-tag.de/informationen-zu-adhs/wie-kann-adhs-behandelt-werden/). Als besonders hilfreich für die Verringerung der typischen Symptome gilt das Mittel Ritalin, dem unter anderem nachgesagt wird, dass es Depressionen verursachen könne.

Böse Zungen behaupten gar, die Krankheit ADHS sei erfunden, um einen weiteren Absatzmarkt für Medikamente zu generieren und – wer weiß – vielleicht auch, um unsere

Wahrnehmungsmöglichkeiten in eine bestimmte Richtung zu lenken oder schlichtweg zu beschränken.

Jeder, der auch nur einen Funken Verstand hat und die Diagnosekriterien für ***ADHS*** *liest, erkennt die Absurdität dieser erfundenen Krankheit. Wenn die Ärzteschaft und die Pharmakonzerne - die Hauptverfechter dieses Krankheitsbildes - einräumen, dass sie nicht wüssten, wodurch dieses seltsame Leiden "ausgelöst" werde, und nicht einmal beweisen können, dass es überhaupt existiert, dann verwandelt sich das Kichern, das sich beim Lesen der Diagnosekriterien einstellt, in ungläubiges Luftschnappen. Und wenn wir dann hören, dass zehntausende australischer Kinder wegen dieser erfundenen Krankheit mit starken und gefährlichen Medikamenten vollgestopft werden, dann wird aus diesem Luftschnappen ein Aufschrei der Empörung. (https://www.zentrum-der-gesundheit.de/adhs.html)*

Bilde sich jede/r ihre/seine eigene Meinung über die angebliche Existenz und den sprunghaften Anstieg der ADHS-Erkrankungen. *http://www.adhs-therapiezentrum.de/* veröffentlicht auf seiner Homepage einen Anstieg des

Phänomens zwischen den Jahren 2006 bis 2011 um 42 Prozent bei 0-19Jährigen und um 49 Prozent bei allen Altersklassen. Dieselbe Quelle stellt auch die Aussage in den Raum *Der Geist ist ein Muskel,* eine Aussage, die erahnen lässt, welche Auffassung über den Menschen und seine Fähigkeiten dort vertreten wird.

Alles in allem drängt sich uns der Eindruck auf, dass es bei den Grundlagen unserer Bildung nicht um die freie Entfaltung unserer individuellen Persönlichkeit geht. Auch wenn es uns gelungen sein sollte, in den ersten Jahren unserer Schülerlaufbahn nicht „unangenehm" aufzufallen, warten schon bald weitere Herausforderungen auf unserem Weg. Bereits im dritten Grundschuljahr wird die Entscheidung über die weiterführende Schule vorbereitet, die von unserem Lernverhalten und den Noten in der Grundschulzeit abhängig gemacht wird. Die Grundschullehrer sprechen eine Empfehlung aus, ob wir für die Haupt- oder Realschule oder für das Gymnasium geeignet sind. Das Ansehen der genannten Schultypen hat sich in den letzten Jahrzehnten gewandelt. Galt der Hauptschulabschluss früher als sinnvolle Grundlage z. B. einer handwerklichen Lehre, so versuchen die meisten Eltern heute diesen Schultyp für ihre Kinder zu meiden und streben mindesten den Realschulabschluss, besser noch das Abitur für ihren Nachwuchs an.

Niemals zuvor gab es in Deutschland so viele Gymnasiasten- und Hochschulabsolventen wie heute. Lag der Anteil der Schulabschlüsse mit Fachhochschulreife bzw. allgemeiner Hochschulreife im Jahr 1980 noch bei 10 Prozent der Schulabgänger, kletterte er im Jahr 2004 bereits auf 31 Prozent und lag 2014 bei 39 Prozent. Tendenz steigend. Insgesamt besitzen heute 32 Prozent der bundesdeutschen Bevölkerung über 15 Jahren den höchsten Abschluss der allgemeinbildenden Schulen.

Doch sind wir deshalb klüger geworden? Werden wir auf dem Gymnasium auf ein Erwachsenenleben in Selbstbestimmtheit vorbereitet? Bekommen wir die Inhalte neuester wissenschaftlicher Erkenntnisse vermittelt? Lernen wir etwas über unsere wahre Natur als menschliche Wesen? Es sieht nicht wirklich danach aus!

Das Hauptziel des Gymnasiums liegt nicht in der Persönlichkeitsbildung oder gar der Herstellung eines Bezugs zu allen übrigen Aspekten unseres Menschseins, sondern primär in der Wissensvermittlung. Das gilt nicht nur für Fächer wie Mathematik, Deutsch, Sprachen oder Naturwissenschaften, sondern in gleicher Weise für den Religions- bzw. Ethikunterricht. Doch welches Wissen vermitteln uns die Schulbücher und Lehrkräfte?

Selbstverständlich jenes, das wir glauben und für uns als Wahrheit annehmen sollen. Als Kinder und Jugendliche sind wir leicht beeinflussbar. Was die Schule uns vermittelt, hat für uns in der Regel einen hohen Wahrheitsgehalt und bildet die Grundlage für unser Weltbild im Erwachsenenalter. Wir zweifeln die vermittelten Lerninhalte umso weniger an, als sie sich in Übereinstimmung mit dem befinden, was wir in der Presse lesen und im Fernseher zu sehen bekommen. Die Tiefenindoktrination dieser unterschiedlichen Werkzeuge der Meinungsbildung weist in dieselbe Richtung.

Ein gutes Beispiel für einen dieser Inhalte ist die Evolutionstheorie, wie sie von Charles

Darwin (1809-1882) in seiner *Theorie von der Anpassung an den Lebensraum durch Variation und natürliche Selektion* 1838 niedergeschrieben wurde. Diese rein naturwissenschaftlich geprägte und, wie einige meinen, längst widerlegte Theorie bildet noch heute die einzige Grundlage der Lehrinhalte über die Entstehung der Arten und auch der Menschheit. Sie geht davon aus, dass Mutation und Selektion die Entwicklung des Lebens auf der Erde bestimmen und dass sich in der Natur der Stärkste oder Anpassungsfähigste grundsätzlich gegen den weniger fitten durchsetze. Eine Auffassung, die sich bis heute hartnäckig im Schul- und Mainstreamwissen erhalten hat. Dabei könnte man gewisse Indizien, die als Beweise für diese Theorie herangezogen werden, mindestens ebenso gut ganz anders deuten, wie dies zum Beispiel Armin Risi in seinem 2014 erschienen Buch *Evolution: Stammt der Mensch von den Tieren ab?* getan hat. Für Risi gibt es keine Evolution, die vollkommen andere Arten hervorbringen kann. Verhaltensweisen und äußere Merkmale können sich seiner Meinung nach innerhalb einer Art verändern und an veränderte Umweltbedingungen anpassen. Doch den Sprung zu einer neuen Art können diese Veränderungen niemals schaffen. Nun mag man einwenden, Risi sei kein Naturwissenschaftler. Das stimmt, doch er hat sauber recherchiert und das, was gegen Darwins Theorie spricht, allgemeinverständlich zusammengestellt. Außerdem mag die Distanz, die er als Philosoph gegenüber den Naturwissenschaften aufzubringen vermag, seinen Blick in erfrischender Weise objektivieren.

Aus Sicht der Obrigkeit ist es nützlich, wenn wir daran glauben, dass wir uns auch in unserem Menschenleben gegenseitig im Wettbewerb bekämpfen müssten, dass wir glauben, wir Menschen seien nichts anderes als ein höher entwickeltes Tier und unsere Existenz auf dieser Erde sei rein zufälliger Natur. So kommen wir nicht so leicht auf die Idee, dass wir auch selbst Schöpfer unseres Lebens sind und nicht nur Abhängige von der Beschaffenheit unserer Gene.

Unser Schulalltag und unsere Bücher sind voll von derartigen Beispielen für Tiefenmanipulation. Im bereits 1999 erschienen Buch *Eingetrichtert: Die tägliche Manipulation unserer*

Kinder im Klassenzimmer finden wir so manches Aufschlussreiche.
Da sei die Frage gestattet: Wer kontrolliert eigentlich unsere Schulbücher? Und wer ist für die Festsetzung der Bildungsinhalte zuständig? Bisher ist Bildung in Deutschland Ländersache. Doch es gibt ein übergeordnetes Gremium, die Kultusministerkonferenz der Länder (KMK), die einen länderübergreifenden Bildungsplan erstellt. In den länderspezifischen Curricula werden diese dann berücksichtigt und konkretisiert. Es gibt Bestrebungen, das deutsche Bildungswesen weiter zu vereinheitlichen. Auf internationaler Ebene existieren zusätzliche Kontrollorgane wie das Georg-Eckert-Institut für internationale Schulbuchforschung, das dafür Sorge trägt, dass unerwünschte Inhalte im Bereich von Geschichte, Politik und Geographie keinen Eingang in unsere Schulbücher finden können. Im Fall von Religionsbüchern werden die Inhalte von kirchlichen Organen kontrolliert. Wir können also sicher sein, dass unser Nachwuchs nicht mit Lerninhalten konfrontiert wird, die von der offiziellen Linie abweichen.

Ungeachtet dieser Betrachtungen unterliegen unsere Kinder der Schulpflicht. Was uns unter dem Etikett der Erhöhung der Chancengleichheit verkauft wird, entpuppt sich bei näherem Hinsehen als ein Protobeispiel für die Undurchlässigkeit unseres Bildungssystems. 2015 besuchten nur 7 Prozent der Kinder von Eltern, bei denen mindestens ein Elternteil die Fachhochschul- oder Hochschulreife innehatte, eine Hauptschule, jedoch 63 Prozent ein Gymnasium. Kinder von Eltern mit Hauptschulabschluss dagegen besuchten 2015 immerhin noch zu 45 Prozent die Hauptschule und nur zu 14 Prozent das Gymnasium.

Sich in Bezug auf die Schulpflicht über die staatliche Gewalt hinwegzusetzen, ist nicht vollständig unmöglich doch ausgesprochen schwierig, wie Dagmar Neubronner in ihrem 2008 erschienen Buch *Die Freilerner – unser Leben ohne Schule* eindrucksvoll schildert. Dagmar Neubronner übersetzte auch das von John Taylor Gatto geschriebene Buch *Verdummt noch mal! Der unsichtbare Lehrplan oder was Kinder in der Schule wirklich lernen.*

Wer sich als Lehrkraft oder Eltern für alternative Wege interessiert, hat also Möglichkeiten, sich darüber zu informieren. Doch auch für diesen so wichtigen Lebensbereich gilt: Es ist sicher gut, die Absichten hinter dem Offensichtlichen zu durchschauen, damit wir unseren Nachwuchs entsprechend begleiten können. Wir können unsere Kinder liebevoll dabei unterstützen, zu erkennen, dass sie als freie Wesen gemeint sind. Wenn Leistungsdruck und Wettbewerb in den Hintergrund treten, kann wieder Freude am Lernen entstehen und positive Energie fließen. Kontraproduktiv wäre dagegen das Einnehmen einer Kampfhaltung gegenüber vermeintlichen Missständen. Wir vergeudeten unsere Energie und würden Mauern aufbauen, die der Entwicklung unserer Kinder schaden könnten. Auch gibt es Möglichkeiten, als Eltern Einfluss auf das Geschehen in der Schule zu nehmen. Lehrkräfte und Eltern sind zusammen mit ihren Schutzbefohlenen eingebunden in die Matrix. Meist sind sie sich dessen nicht bewusst und in der Regel tun sie im Hinblick auf die Förderung unserer Kinder ihr Bestes.

Wissenschaftliche Forschung wird von großen Firmen finanziert. Diese haben verständlicherweise ein Interesse daran, dass die Forschungsergebnisse zu ihrem Nutzen ausfallen. Diese Tatsache sollten wir im Hinterkopf behalten, wenn wir davon hören und lesen, welche Ergebnisse ihre Untersuchungen hervorbringen.

Krankheitswesen

In der Regel wird das, was wir hier Krankheitswesen nennen, von öffentlichen Stellen als Gesundheitswesen bezeichnet. Doch wem nutzt es, wenn wir gesund sind? Zwar gibt es in den letzten Jahrzehnten einen ungeheuren Hype, wie man sich am besten gesunderhalten kann, an dem sich auch gesetzliche Krankenkassen beteiligen. Häufig richtet sich der Fokus dabei einseitig auf den körperlichen Aspekt unserer Gesundheit.

Jeder weiß, dass Bewegung an frischer Luft, bewusste Nahrungsaufnahme in wohltuender Atmosphäre und erholsamer Schlaf förderlich auf unsere Gesundheit wirken. Wir haben jedoch Lebensbedingungen geschaffen, die diesen einfachen Weisheiten, zutiefst widersprechen. Wir verbringen unsere Tage in elektrosmokverseuchten Büros. Dort konsumieren wir Unmengen an Kaffee, hetzen in der Mittagspause zur Kantine und schauen uns vor dem Schlafengehen noch schnell den neuesten Actionkrimi an.

Natürlich wissen wir, dass uns diese Lebensweise nicht zuträglich ist. Deshalb bemühen wir uns um Ausgleich dieser vermeintlich unveränderlichen Lebensbedingungen. Zur Erhaltung unserer Ausdauer und Muskelkraft besuchen wir Fitness-Studios, wo wir uns mit Gleichgesinnten messen. Gott sei Dank gibt es ja Fitnessdrinks und Anabolika, die unsere Leistungsfähigkeit unterstützen können und uns beim Vergleich mit anderen gut aussehen lassen. Zur Wiederherstellung unserer verwelkenden Haut benutzen wir sündhaft teure, revitalisierende Cremes. Zum Ausgleich für den ungeliebten Kantinenfraß gehen wir abends in gemütlicher Runde essen, nicht ohne dabei auch gleich ein paar Bier zu konsumieren. Um wieder besser ein- und durchschlafen zu können, greifen wir allzu leicht zu einer Schlaftablette. All die aufgezählten Verhaltensweisen, die ja eigentlich dem Ausgleich dienen sollen, sind ebenfalls künstlich geschaffen und erzeugen noch mehr Stress. Je nach unserer Konstitution können wir vielleicht eine Zeit lang so überleben. Doch mit bewusstem, selbstbestimmtem Leben hat das nichts zu tun. Die genannten Verhaltensweisen bedienen Ideale, die uns vorgegaukelt werden. So hätten wir zu erscheinen, damit wir von der Gesellschaft akzeptiert und anerkannt würden: erfolgreich, fit, schön und ausgeschlafen. Im Normalfall versuchen wir diese Fassade so lange wie möglich aufrecht zu erhalten, tun alles dafür, den von uns erwarteten Eindruck zu erwecken. Doch irgendwann rebelliert unser Innerstes. Burn-Out, Depression, Diabetes, Herzinfarkt oder Krebs bieten uns eine Möglichkeit aus dieser Lebensweise auszusteigen. Etwas in uns will nicht mehr mitmachen, unser System streikt, verweigert uns seinen Dienst.

Wenn wir die Zeichen erkennen und zu deuten wissen, bekommen wir vielleicht eine zweite Chance. Spätestens an dieser Stelle werden wir aufgerufen, zu wählen. Wollen wir unsere Funktionsfähigkeit innerhalb des

Systems wiederherzustellen versuchen, um uns danach der gleichen Mühle weiter auszusetzen oder wollen wir uns für uns selbst entscheiden, für unser eigenes, selbstbestimmtes und freies Leben?

Im ersteren Fall rollt die Lawine der Krankheitsindustrie über uns hinweg. Meist werden wir nach einem Zusammenbruch ins Krankenhaus eingeliefert, wo wir auf Herz und Nieren durchgecheckt werden. Täglich warten wir angstvoll auf neue Untersuchungsergebnisse, die uns den Stand unserer Erkrankung dramatisch vor Augen führen und die weiteren Schritte zu unserer Wiederherstellung bestimmen. Operation, Psycho-Physiotherapie, Bestrahlung oder Chemo scheinen unvermeidbar, natürlich unterstützt durch den täglichen Medikamentencocktail.

Mit der Absicht zu Heilen haben all diese Maßnahmen nichts zu tun. Wenn wir anschließend so weitermachen wie vor unserem Zusammenbruch, wird unsere Funktionsfähigkeit im besten Falle wieder für eine Weile hergestellt werden können. Unser Körper zeigt unter dem Einfluss der Therapien möglicherweise weniger Symptome als zuvor. Wir können uns damit zufriedengeben, unsere neu gewonnene Kraft genießen und abwarten, wie lange die Besserung andauern wird. Um den Stand der vermeintlichen Genesung zu halten, müssen wir uns bestimmten Regeln unterwerfen, regelmäßige Nachsorgeuntersuchungen wahrnehmen und Medikamente konsumieren. Diese Regeln beeinträchtigen unsere persönliche Freiheit und führen gleichzeitig dazu, dass die Krankheit uns allgegenwärtig begleitet. Bei jeder neuen Untersuchung fürchten wir uns vor deren Ergebnissen und warten quasi unbewusst auf ein erneutes Aufkeimen der Symptome. Angst kommt von Enge und so fühlen wir uns als Gefangene unserer Erkrankung, die wir auf tieferer Ebene letztlich selbst provoziert haben. Gleichzeitig sind wir Gefangene des Systems, denn Pharmakonzerne und Ärzte profitieren von unserem Siechtum und haben kein Interesse an unserer vollständigen Genesung. Solange wir Symptome haben, brauchen wir Tabletten und Tabletten schaffen neue Symptome, denn es gibt kaum ein Medikament ohne Nebenwirkungen. Der studierte Mediziner Dr. med. Eugen Roth drückte dieses schon zu seiner Zeit bekannte Phänomen humorvoll aus:

Was bringt den Doktor um sein Brot?

a) die Gesundheit,
b) der Tod.

Drum hält er uns, auf dass er lebe,
zwischen beiden in der Schwebe.

Solange wir uns die Ursachen unserer Erkrankung nicht anschauen wollen, lauern sie im Hinterhalt und zeigen sich erneut, sobald die Zeit dafür reif ist. Es spricht nichts dagegen, dass wir uns schulmedizinischen Maßnahmen unterwerfen, wenn wir darauf vertrauen. Die medizinische Technik hat große Fortschritte erlangt und sie vermag in vielen Fällen die kaputte Maschine unseres Körpers zu reparieren. Doch Heilung kann uns dadurch allein nicht zuteilwerden.

Wenn wir dauerhaft und nachhaltig gesund werden möchten, bleibt es uns nicht erspart, unsere Einstellung und unser Leben grundlegend zu verändern. Damit ist nicht nur gemeint, uns mehr zu bewegen oder unsere Ernährung umzustellen. Vielmehr geht es um einen tiefgreifenden inneren Wandel, der weit über unseren Körper und unsere Persönlichkeit hinausgeht. Dazu ist es notwendig, dass wir uns selbst erkennen, dass wir Antworten suchen auf die Fragen: Wer bin ich? Wozu bin ich hier? Was sind meine Potenziale, Fähigkeiten, Visionen? Was ist mein Seelenplan? Was möchte ich in diesem Leben noch erfahren? Manchmal hilft es uns, unser bisheriges Leben Revue passieren zu lassen. Vielleicht erkennen wir dann im Nachhinein, warum uns in der Vergangenheit dies oder jenes widerfahren ist, in welche Richtung uns das Leben damit schubsen wollte und was wir aus dieser Chance gemacht haben. Es mag notwendig sein, auch unsere bisherigen äußeren Lebensumstände zu ändern, um unserer Bestimmung näher zu kommen. Vielleicht passen Partner/Partnerin oder Beruf nicht mehr zu unserem neuen Leben. Doch das muss nicht zwangsläufig so sein. Manchmal können wir, äußerlich betrachtet, auch wieder in unsere alten Lebensumstände einsteigen, doch jetzt mit einer vollkommen anderen Sicht auf das Dasein und einem erweiterten Bewusstsein. Wir können die Möglichkeit ergreifen, uns daran zu erinnern, wer wir wirklich sind. Unsere Krankheit mag dazu beigetragen haben, dass wir nun unterscheiden können, was wirklich zählt und allen alten Ballast loszulassen, der uns daran hindert, das für uns Wahrhaftige zu erleben.

Wenn wir solch eine tiefgehende Erfahrung mit Krankheit oder Todesnähe gemeistert haben, sind wir nicht mehr geeignet als Sklaven. Niemand kann uns mehr befehlen, wie wir zu leben haben, denn wir haben die Angst überwunden. Wir wissen, dass unser Körper zwar verletzt sein und sogar sterben kann, doch wir wissen auch, dass es etwas Ewiges gibt, dem das alles nichts mehr anhaben kann. Es ist etwas Elementares mit uns geschehen, wir haben hinter den Vorhang geschaut und lassen uns nichts mehr vorgaukeln.

Geburt und Tod sind die Tore des Lebens; Geborenwerden und Sterben gehören wohl zu den tiefgreifendsten Erlebnissen unseres Menschseins überhaupt. Das gilt sowohl für die Betroffenen selbst als auch für ihre Angehörigen, bei der Geburt natürlich in erster Linie die Mutter. Doch auch das Neugeborene erlebt eine gravierende Wandlung. Es muss sich damit abfinden, dass die Zeit der Geborgenheit im Inneren des mütterlichen Körpers nun zu Ende geht. Obwohl es in seiner bisherigen Umgebung schon vieles wahrnehmen konnte, so waren die Sinneseindrücke doch gedämpft, abgeschirmt von der Intensität der Außenwelt. Nahrungsaufnahme wie Atmung passierten automatisch und ohne eigene Anstrengung. Nun wird es mit ungeheurer Wucht aus dem schützenden Umfeld herausgestoßen in eine neue, noch unbekannte Welt. Wie schön wäre es da, liebevoll in dieser Welt empfangen zu werden! Doch was geschah und geschieht bis heute stattdessen im Alltag vieler Kreissäle? Mutter und Kind werden oft um die Erfahrung des ersten intensiven Kontakts nach der Geburt betrogen, sei es durch Kaiserschnitt, erstes Abchecken der kindlichen Gesundheit oder andere vermeintlich unumgängliche Maßnahmen. Doch sind diese wirklich immer notwendig? Die Kaiserschnittquote liegt in Deutschland seit Jahren bei etwa 32 Prozent der Krankenhausgeburten. Fast ein Drittel der Mütter erleben den Geburtsvorgang also gar nicht in seiner Tiefe und seiner Kraft, sondern nehmen ihn wie eine Operation ähnlich den Umständen einer Erkrankung wahr. Die Kinder erblicken das Licht der Welt sehr plötzlich und ohne den Übergang einer natürlichen Geburt. Vermutlich ist dieser hohe

Kaiserschnittanteil nicht zuletzt der besseren Planbarkeit der Abläufe im Krankenhaus geschuldet, vor allem aber der Abneigung vieler Mediziner, Verantwortung zu übernehmen. Die Angst davor, dass unter der natürlichen Geburt vielleicht etwas schiefgehen und man sie dann zur Rechenschaft ziehen könnte, bestimmt das Verhalten des Krankenhauspersonals viel eher als das Wohl ihrer Patienten. Vorsichtsmaßnahmen auf allen Ebenen vermitteln dem Patienten Unsicherheit und so lässt auch er sich in Angst versetzten. So ist er geneigt, dem Rat der „Experten“ zu folgen.

Das Sterben eines Menschen ist ein ebenso starker Wandlungsprozess. Der Tod unterscheidet sich insofern von der Geburt, als auch die Angehörigen nicht wissen, was sich hinter dem Schleier befindet, denn niemand kann sich an seinen eigenen Tod erinnern. Dem Fötus können wir vor seiner Geburt aus eigener Erfahrung Mut zusprechen, dem Sterbenden nicht. Wir können vermuten wie es ist, wir können Rückschlüsse ziehen aus Nahtodberichten doch in diesem jetzigen Erdenleben ist kein Lebender diesen Weg je zu Ende gegangen. Nach allem, was wir wissen, ist anzunehmen, dass uns in der Stunde unseres Todes genau jenes widerfahren wird, was wir erwarten. Wenn wir glauben, Sterben sei mit Schrecken und Grauen verbunden, werden wir eine Art Hölle erleben. Wenn wir annehmen, unsere bereits verstorbenen Angehörigen nehmen uns an den Toren zur Anderswelt in Empfang, dann werden wir das so erleben und wenn wir an Engel glauben, dann sehen wir Lichtgestalten in der Stunde unseres Todes. Wir tragen Himmel und Hölle also in uns.

Viele Menschen haben Angst vor dem Tod. Sie glauben, das Hinübergehen sei schmerzhaft und vermuten, dass danach nichts mehr kommt, dass Dunkelheit herrscht und Wahrnehmungen und Erfahrungen nicht mehr möglich sind, dass alles, was uns zu Lebzeiten ausgemacht hat, im Moment des Todes erlischt. Doch, was stirbt, ist das Ego, unser irdischer Wille, der uns so sehr im Leben geführt und bestimmt hat. Unsere Seele dagegen macht sich auf zu neuen Ufern. Sie blickt zurück auf dieses Leben und entscheidet dann, ob und ggf. wo sie das nächste Mal inkarnieren und was sie dabei erfahren möchte. In der jenseitigen Welt sind wir frei von allem, was uns im Diesseits belastet haben mag, auch von körperlichen Schmerzen und Einschränkungen. Sterben ist ein wenig wie die umgekehrte Geburt, wir gehen hinaus aus der diesseitigen Welt und tauchen ein in das Jenseits.

Es ist vor allem die Angst vor Schmerz, die uns die Einwilligung dazu geben lässt, dass wir diesen Übergang heute so oft in einem unbewussten Zustand erleben, vollgestopft mit Medikamenten. Die meisten Menschen sterben in Krankenhäusern, infolge von Erkrankungen, die dort behandelt wurden. Sie stehen in der Regel ohnehin unter massivem Medikamenteneinfluss. Der Sterbeprozess soll von den übrigen Patienten möglichst unbemerkt bleiben. Außerdem hat das Personal keine Zeit, sich um den Sterbenden zu kümmern. Also schiebt man ihn in komatösem Zustand einfach in ein Abstellzimmer, bis der Spuk vorüber ist. Dabei wird von den Verantwortlichen ignoriert oder ist schlichtweg unbekannt, dass die Verabreichung von Morphin vor dem Tod dazu führen kann, dass die feinstofflichen Körper des Verstorbenen sich nicht von seinem physischen Körper lösen können. Wie Alkohol führen auch Drogen zu physischem und psychischem Kontrollverlust, der sich auch auf die verschiedenen Ebenen unserer Aura auswirkt. Diese sind durch ein unsichtbares Band mit dem physischen Körper verbunden. Beim Tod werden die Körper voneinander gelöst, damit wir mit unseren übrigen Wesensanteilen in andere Dimensionen hinübergehen können. Morphin vor dem Tod senkt die Leistungsfähigkeit dieser Körper und führt zu Orientierungslosigkeit nach dem Eintritt des Todes. So kann sich der verwirrte feinstoffliche Anteil des Verstorbenen nicht auf das Licht zu bewegen, bleibt sozusagen auf den irdischen niederen Frequenzebenen hängen.

Wie die Begrüßung so lässt auch der Abschied von diesem Leben oft Liebe und Zuwendung zu den Betroffenen vermissen. Zudem ist den meisten Verantwortlichen unbekannt, welche Phasen Sterbende durchlaufen, welche Farbe, welche Energie ihnen in welchem Stadium ihres Prozesses guttun würden, welche Chakren, wann energetisch zu schließen sind und vieles mehr. All diese elementaren Dinge im Umgang mit diesem großen Übergang in eine andere Ebene des Seins sind nicht Bestandteil der Ausbildung der in Krankenhäusern arbeitenden Menschen, ja in der Regel nicht einmal Teil ihres Bewusstseins. Aus spiritueller Sicht tragen sie eine enorme Verantwortung für die Fortentwicklung der Menschheit, doch sie agieren in einer Welt der Kälte und des Profitdenkens, unter der auch sie selbst (manchmal unbewusst) leiden. Diese ist wider die menschliche Natur.

An dieser Stelle sei die Frage gestattet, wer hat ein Interesse daran, die Welt so zu gestalten, wie sie in vielen Bereichen und besonders in unseren Krankenhäusern und Pflegeheimen geworden ist? Wer möchte, dass wir aus dieser Welt scheiden, ohne die Hoffnung auf ein Weiterleben und ohne Aussicht auf Entwicklung unserer Seele? Es sind dieselben Kräfte, die uns weismachen wollen, wir stammten vom Affen ab, dieselben die uns einreden, das Höchste im Leben sei ein schöner Urlaub und die uns gleichzeitig permanent vor Augen führen, wie brutal und grausam die Welt woanders ist.

Ein auf den ersten Blick weniger spektakuläres Feld der medizinischen Versorgung finden wir in Vorsorgemaßnahmen wie Impfungen. Im Unterschied zu den Abläufen von Geburt und Tod herrschen hier schon heute genaue Regelungen. Wir werden aufgefordert, bestimmte Untersuchungstermine einzuhalten, die für bestimmte Altersgruppen vorgesehen sind. Angefangen von den obligatorischen Untersuchungen im Kleinkindalter, die mit der Überwachung der Impfzeitpunkte einhergehen, über Vorsorgeuntersuchungen beim Frauenarzt oder Urologen bis hin zur alle zwei Jahre empfohlenen Mammographie bei Frauen zwischen dem 50igsten und 65igsten Lebensjahr. Dieses Geschäft beruht auf Angst, denn es wird uns drastisch vor Augen geführt, welche schrecklichen Auswirkungen auf unsere Gesundheit die Unterlassung dieser Vorsichtsmaßnahmen nach sich ziehen könnten. Statistiken weisen uns darauf hin, dass wir bestimmten Risikogruppen angehören und in den Wartezimmern der Ärzte zeigen uns eindringliche Darstellungen, wie unsere Organe, Muskeln oder Knochen aussähen, wenn Krankheiten nicht rechtzeitig erkannt würden. Uns wird das Gefühl vermittelt, wir handelten fahrlässig und unverantwortlich, wenn wir diesen Aufrufen zur Früherkennung nicht nachkämen. Dieser Vorwurf trifft uns umso härter, wenn er sich nicht auf uns selbst, sondern auf unsere Kinder bezieht. Wir als Eltern sind verantwortlich für ihr Wohlergehen, also müssen wir doch den Aufrufen der Krankheitsindustrie folgen, wenn wir nicht als Rabeneltern dastehen möchten, oder etwa nicht?

Nach den Empfehlungen der Ständigen Impfkommission (STIKO) wird uns nahegelegt, unsere Kinder bereits mit zwei Monaten gegen Wundstarrkrampf, Diphtherie, Keuchhusten, Haemophilus influenzae Typ b, Kinderlähmung, Hepatitis B, Pneumokokken und Rotaviren impfen zu lassen. Masern, Mumps und Röteln sowie Windpocken folgen mit 11 bis 14 Monaten. Mit einer Impfung ist es zudem nicht getan, denn es bedarf der regelmäßigen Auffrischung. Doch existiert auch die Auffassung, dass die Wirksamkeit von Impfungen ganz und gar nicht bewiesen sei und uns Untersuchungen über unerwünschte Nebenwirkungen von offizieller Stelle vorenthalten würden bzw. weniger leicht zugänglich seien als die Informationen über die angebliche Notwendigkeit des Eingriffs. Wenn wir die Websites offizieller Seiten, wie die des Robert Koch Instituts öffnen *(http://www.rki.de/DE/Content/Infekt/Impfen/Bedeutung/Schutzimpfungen_20_Einwaende.html),* so werden freilich alle Einwände gegen Impfungen scheinbar einleuchtend widerlegt. Ab und zu werden Zusammenhänge zwischen bestimmten Symptomen und Impfungen in der Fachpresse diskutiert, doch in der Regel ist das Ergebnis solcher Diskussionen eindeutig: Die durchgeführten Studien zeigen dann schlichtweg *keinen validen Zusammenhang zwischen Kinderimpfungen und der Entwicklung eines Typ-1-Diabetes mellitus*

(http://link.springer.com/article/10.1007/s001030170010), um hier nur ein Beispiel anzuführen. Selbst im Erwachsenenalter werden wir noch von unserem Hausarzt gefragt, ob wir nicht bestimmte Impfungen einmal auffrischen möchten. Bei akuten Verletzungen, die im Krankenhaus behandelt werden, entfällt diese Frage gar ersatzlos. Ehe man sich versieht, hat man die Spritze gegen Tetanus auch schon bekommen.

Es ist nicht mehr wirklich ein Geheimnis: Hinter dieser Gesundheitsmaschinerie steckt eine gewaltige Mafia der Chemie- bzw. Pharmaindustrie, die ungeheure Summen mit der

Herstellung und Verbreitung dieser Impfstoffe verdient. Diese scheinen ihr immer noch nicht zu genügen und so entstehen plötzlich und auf für die Öffentlichkeit unerklärliche Weise neue Krankheiten, wie Aids in den 1980iger Jahren oder Ebola in neuerer Zeit. Diese müssen dann erforscht, behandelt und vor allem durch vorsorgliche Impfungen verhindert werden, damit sie sich nicht zur gefürchteten Pandemie auswachsen.

Wer nicht an der Krankheit stirbt, der tut es dann vielleicht an den Folgen der Impfung? Doch nicht immer geht diese Rechnung auf, denn viele von uns durchschauen mittlerweile das Spiel der Hintermänner, vielleicht noch nicht immer so ganz genau, doch wir empfinden intuitiv ein gewaltiges Störgefühl bei dem, was man uns als Wahrheit verkaufen möchte. Das zeigt sich von Zeit zu Zeit angesichts der globalen Impfaufrufe der Weltgesundheitsorganisation WHO im Zusammenhang mit Vogelgrippe, Schweinegrippe und sonstigen vermeintlich verbreiteten Pandemien. In Erinnerung ist uns vielleicht noch der von Regierungsvertretern und Medien kräftig unterstützte Versuch des Jahres 2007, uns von der

Notwendigkeit einer Impfung gegen die Viren H5N1, H7N7 und H1N1 zu überzeugen. Dankenswerterweise ist es den Drahtziehern dieser Kampagne damals nicht geglückt, ihr Vorhaben im großen Stil zu verwirklichen. Trotz größter Bemühungen brach keine Hysterie aus und das Ansinnen der Pharmaindustrie und ihrer Handlanger lief zu ihrem Leidwesen ins Leere.

Dieselben Kräfte kontrollieren den Handel mit unseren Blut- und Organspenden. Beidem stimmen wir möglicherweise in bester Absicht zu, beseelt von dem Wunsch zu helfen, nichts ahnend, dass es sich dabei um ein absolut menschenverachtendes Geschäft handelt. Vielleicht haben wir aber auch nur die Möglichkeit übersehen, an der richtigen Stelle unseres Smartphones ein Häkchen zu setzen bzw. zu entfernen und stimmen damit ungewollt diesem Handel zu. In Österreich beispielsweise muss man sich eindeutig gegen die Bereitschaft zur Organspende positionieren, sonst gilt man automatisch als potenzieller Organspender. Organe sind nur dann in einem anderen Körper lebensfähig, wenn sie uns bei lebendigem Leib entnommen werden. Damit wird unter Umständen unser vorzeitiger Tod in Kauf genommen. Dieser Umstand stellt eine ungeheuerliche Verletzung unserer Menschenwürde dar, ganz zu schweigen von den Praktiken, wie sie beispielsweise aus China gemeldet werden. Dort ist es offensichtlich gängige Praxis, Gefangene in Arbeitslagern, gezielt bei entsprechendem Organbedarf auf bestialische Weise hinzurichten. Laut der Darstellungen der Interviewpartnerinnen von Heiko Schrang, die in

https://www.youtube.com/watch?v=sQHyXqN1bcA&feature=youtu.be zu vernehmen sind, rekrutieren sich diese Gefangenen vor allem aus der in jüngerer Zeit in China wachsenden spirituellen Falun-Gong-Bewegung, denn ihre Anhänger erfreuen sich aufgrund ihrer guten Gesundheit besonderer Beliebtheit als Organspender.

Für den Empfangenden ist der Vorgang energetisch mit Schuldgefühlen belastet, ganz zu schweigen davon, dass das fremde Organ die Informationen seines „Spenders" trägt. Außerdem erklären wir uns mit seiner Annahme gleichzeitig damit einverstanden, dass wir in Teilen fremdbestimmt durchs Leben gehen.

Das Geschäft mit unserem Blut hat eine magische, um nicht zu sagen, schwarzmagische Dimension. Blut ist unser Lebenssaft, der unsere Energie erhalten soll. Wenn wir es spenden, so schwächt uns das, vielleicht nicht so sehr auf körperlicher, sehr wohl jedoch auf den höheren Ebenen unseres Seins. Es kommt einem Abziehen von Energie gleich, Energie, die anderen – und damit sind nicht die Empfänger von Blutkonserven während einer Operation gemeint - zu Gute kommt. Vielmehr fließt diese Energie zu jenen, die hinter diesen Organisationen stehen, eine Form von modernem Vampirismus. Ein für die Verantwortlichen positiver Nebeneffekt von Knochenmarksspenden besteht darin, dass wir beim Zungenabstrich gleichzeitig unsere DNA preisgeben und wer weiß, wo für diese Kenntnis noch einmal zu gebrauchen ist?!

Es gibt noch viele von uns als völlig selbstverständlich eingestuften Praktiken, die nicht zu unserem Wohl bestimmt sind. Hier sei nur die Entfernung der Weisheitszähne erwähnt, die heute sehr häufig von Zahnärzten empfohlen wird. Diese Zähne würden den übrigen den Platz rauben, so heißt es. Doch wofür stehen Weisheitszähne wirklich? Sie stehen für die Fähigkeit zur universellen Liebe und für unseren Zugang zur Spiritualität. Wenn sie gezogen werden, ist dieser Zugang erschwert. Das entspricht dem Plan der Eliten, denn ein sich seiner selbst bewusster Mensch, ist nicht gut steuerbar. Neben den Weisheitszähnen ist auch die Zirbeldrüse ein aus dieser Sicht gefährliches Organ. Natürlicherweise produziert sie neben Melatonin und anderen Botenstoffen oder Hormonen auch Dimethyltryptamin (DMT). Das körpereigene DMT dient der Wahrnehmung anderer Wirklichkeiten, zu denen wir keinen Zugang bekommen sollen. Die Produktion soll durch Beimischung diverser Stoffe in Nahrungsmittel und Kosmetikartikel verringert werden. Insbesondere ist hier Flourit zu nennen, das oft in Kochsalz sowie in fast jeder im Drogeriemarkt erhältlichen Zahnpasta enthalten ist.

Wem diese Zusammenstellung von Manipulationen im Krankheitswesen abwegig erscheint, der möge sich der Mühe unterziehen, sich selbst aus erster Hand zu informieren und sich sein Bild zu machen. Eine gute Möglichkeit dazu bietet zum Beispiel das im SENSEI Verlag erschienene Buch von *Prof. Dr. Peter Yoda (Pseudonym): Ein medizinischer Insider packt aus*. Hier wird berichtet, *welche unglaublichen Systeme hinter diesen Betrügereien stehen und wie Regierungen und Pharmafirmen über Leichen gehen*. Außerdem klärt es *über verschiedene „Perpetuum Mobile" auf, geheime Kontrollsysteme, deren einzige Aufgabe es ist, weltweit Angst in der Bevölkerung zu verbreiten, damit Sie machen, was andere wollen*. Es nutzt niemandem, wenn wir aus Ignoranz, Bequemlichkeit oder Angst erdulden, was die Eliten auch im Krankheitswesen mit uns veranstalten. Pflegepersonal und Ärzte sind das letzte Glied in der Kette. In der Regel möchten sie im Sinne des Patienten gern anders handeln als es ihnen das System, das sie in bestimmte Regeln bzw. Verhaltensweisen hineingepresst, vorgibt. Sie werden ebenso missbraucht und zu Opfern gemacht wie die Patienten. Es ist an der Zeit, dass jeder einzelne selbst die Verantwortung für seine Gesundheit übernimmt, dass wir uns unabhängig machen von einem wie auch immer gearteten System, das uns zwangsverordnet wird und dessen Regeln weder unserer Gesundheit noch unserer Entwicklung zum bewussten Menschen dienen.

Die Obrigkeit

Unsere Einbindung in die Gesellschaft beginnt mit unserer Geburt. Unsere Geburtsurkunde weist unsere Existenz bei amtlichen Stellen nach und macht uns zu rechtmäßigen Bürgern dieses Landes. Doch ist dies wirklich die Absicht des Verwaltungsapparats? Unsere Geburtsurkunde dient vor allem als Wertpapier, das eine juristische Person mit einem bestimmten an der Börse handelbaren Verkehrswert erschafft. Mit unserer Existenz als Mensch hat dies nichts zu tun.

Laut Grundgesetz haben wir als Bürger dieses Landes Rechte und Pflichten. Doch welche Rolle spielt das Grundgesetz? Trägt es tatsächlich den Status einer Verfassung eines souveränen Staates? In letzter Zeit mehren sich die Stimmen von Bürgern unseres Landes, die diese Fragen verneinen. Sie behaupten, unsere

Geburtsurkunde würde unter einem bestimmten Verkehrswert an der Börse gehandelt, Deutschland sei kein souveräner Staat, sondern eine Gesellschaft mit beschränkter Haftung und habe deshalb auch keine rechtsgültige Verfassung. Wir, die in Deutschland lebenden Bürger, würden nicht als Menschen, sondern lediglich als Personal eingestuft, worauf schon der Name unseres wichtigsten Dokuments, des Personalausweises, hindeute. In Wahrheit sei die Polizei nichts anderes als ein Werkschutz und die Behörden seien keine Staatsorgane, sondern würden zunehmend in private Agenturen umgewandelt, was schon aus der Benennung dieser Einrichtungen hervorgehe. Gerichte und Ministerien seien im Handelsregister eingetragen.

In den Medien versucht man uns weiszumachen, diese Auffassungen entsprächen ausschließlich den abstrusen Verschwörungstheorien rechtslastiger Reichsbürger, die sich damit vor ihren Bürgerpflichten wie Steuern zu zahlen oder gültige Papiere zu besitzen drücken wollten. Wir wollen diese umstrittene Reichsbürger-Bewegung, die sich auf das deutsche Kaiserreich von 1871 bis 1918 beruft, an dieser

Stelle nicht weiter beleuchten, doch gewinnt man manchmal den Eindruck, dass die Mainstreammedien sie bewusst als lächerlich, rechtsradikal oder gewaltbereit diffamieren möchten. Tatsache ist, dass nicht nur diese Gruppierung ihre Zweifel an der Souveränität unseres Staates und an der Freiheitlichkeit unserer Rechtsordnung hat. Öffentlich in dieser Richtung äußerten sich u. a. auch hochrangige Parteipolitiker wie Sigmar Gabriel, Wolfgang Schäuble und Gregor Gysi. Alle wiesen sie in ihren Reden darauf hin, dass weder die offizielle Abschaffung der Besatzung im Jahr 1955 unter Konrad Adenauer noch die Zwei-plus-Vier-Verträge nach der Wiedervereinigung Deutschlands im Jahr 1990, den Besatzungsstatus unseres Landes wirklich geändert hätten. Sigmar Gabriel nannte unsere langjährige Kanzlerin, Angela Merkel in einer seiner Reden *Geschäftsführerin einer Nichtregierungsorganisation.* Wolfgang Schäuble erinnerte daran, dass Deutschland *seit 1945 zu keinem Zeitpunkt ein souveräner Staat gewesen sei* und Gregor Gysi forderte wiederholt die Aufhebung des Besatzungsstatus Deutschlands sowie die Kündigung alter Verträge, die offensichtlich zwischen Deutschland und den Siegermächten des zweiten Weltkriegs noch im geheimen existierten. Diese Geheimverträge seien, so hört man von kritischen Stimmen, die Rechtsgrundlage, die den Amerikanern bis heute erlaube, Soldaten und Kriegsgerät auf deutschem Boden zu stationieren sowie hochrangige Politiker abzuhören, wie es im Jahr 2013 im Falle von Angela Merkel publik wurde. Wer sich für die rechtlichen Hintergründe der Bundesrepublik und ihrer Länder interessiert, dem sei die Homepage *https://www.gelberschein.net/?page=3* empfohlen.

Doch die meisten von uns leben unbeschwert von solcherlei Gedanken in der Annahme, sie seien Bürger eines demokratischen Rechtsstaats und verfügten als solche über bestimmte Grundrechte. Bei Wikipedia bekommen wir bestätigend zu lesen:

Deutschland
(Vollform: ***Bundesrepublik Deutschland****) ist ein föderal verfasster Staat in Mitteleuropa, der aus den 16 deutschen Ländern gebildet wird. Die Bundesrepublik ist ein freiheitlich-demokratischer Rechtsstaat und stellt die jüngste Ausprägung des deutschen Nationalstaates dar. Mit rund 82,2 Millionen Einwohnern zählt Deutschland zu den dicht*

besiedelten Flächenstaaten und gilt international als das Einwanderungsland mit der zweithöchsten Zahl von Migranten nach den Vereinigten Staaten (2013).

So formulierte man es 2013. Wir alle wissen, dass sich die Zahl der Migranten seither noch deutlich erhöht hat. Im März 2016 meldete das Statistische Bundesamt:

Das Jahr 2015 war durch eine außergewöhnlich hohe Zuwanderung von Ausländerinnen und Ausländern nach Deutschland geprägt. Wie das Statistische Bundesamt auf Basis vorläufiger Ergebnisse einer Schnellschätzung der Wanderungsstatistik mitteilt, wurde bis zum Jahresende 2015 der Zuzug von knapp 2 Millionen ausländischen Personen registriert. Gleichzeitig zogen rund 860.000 Ausländerinnen und Ausländer aus Deutschland fort. Daraus ergibt sich ein Wanderungssaldo von 1,14 Millionen ausländischen Personen. Das ist der höchste jemals gemessene Wanderungsüberschuss von Ausländerinnen und Ausländern in der Geschichte der Bundesrepublik.

Betrachten wir die Zahlen genauer, fällt auf, dass der Anteil der ausländischen Männer überdurchschnittlich hoch ist. Dies differiert jedoch stark zwischen den einzelnen Herkunftsländern. Im Bereich der EU-Staaten ist der Männeranteil aktuell (2015) gegenüber 2013 mit 52 Prozent stabil geblieben, während dieser sich im gleichen Zeitraum bezogen auf die ausländische Bevölkerung aus afrikanischen Herkunftsländern von 58 auf 62 Prozent erhöht hat. Besonders auffällig war die Steigerung des Männeranteils für folgende Herkunftsländer: Algerien (2013: 71 %, 2015: 77 %, Afghanistan (2013: 59 %, 2015: 66 %) und Syrien (2013: 59 %, 2015: 67 &). Die genannten Prozentsätze beziehen sich auf die gesamte ausländische Bevölkerung aus den genannten Ländern, also auch auf die schon lange hier lebende. Die gestiegenen Männeranteile zwischen den Jahren 2013 und 2015 deuten also darauf hin, dass die in jüngster Zeit migrierten Personen aus den angegebenen Ländern überwiegend Männer waren bzw. sind. Bemerkenswerterweise stehen separate Zahlen über die Geschlechterverteilung der Neuankömmlinge im Jahr 2015 nicht öffentlich zur Verfügung. Zu Beginn des Jahres 2017 ließ das Statistische Bundesamt verlauten, dass die Veröffentlichung der Bevölkerungszahlen für 2015 und 2016 sich deutlich verzögern werde. Als Grund dafür wurden Umstellungsschwierigkeiten im IT-Bereich angegeben. Man könnte auch auf die Idee kommen, dass man das wichtige Wahljahr 2017 vielleicht nicht mit der Diskussion möglicherweise unbequemer Wahrheiten belasten möchte.

Der wachsende Männeranteil bei Einwanderern deckt sich mit unseren Beobachtungen und mit den Gerüchten, dass in verschiedenen Ländern Afrikas und des Nahen Ostens Anwerbeaktivitäten der UN oder anderer meist über Stiftungen finanzierter Organisationen stattfänden. Für viele Deutsche bedeutet es einen erheblichen Unterschied, ob Menschen mit Kind und Kegel aus berechtigter Angst vor Verfolgung und Not aus ihrem Land heraus flüchten müssen. Sie sind gern bereit, diese hier wohlwollend zu empfangen und ihnen das Leben so angenehm wie möglich zu gestalten. Doch von dubiosen internationalen Organisationen angeworbene Männer, denen man hier das Paradies auf Erden verspricht, stehen sie weniger offen gegenüber. Denn wer weiß, vielleicht ist ja doch etwas Wahres daran, an der *Migrationswaffe*, die angeblich 2013 von der UN beschlossen wurde und in den nächsten Jahren gegen Europa zum Einsatz kommen soll?! Tatsache ist, dass bei vielen von uns ein schaler Nachgeschmack zurückbleibt und wir irgendwie spüren, dass das, was man uns im Zusammenhang mit den Zuwanderungswellen von 2015 und 2016 zu erklären versucht, nicht der Wahrheit entspricht. Die interne Bezeichnung der Polizei für die genannte Bevölkerungsgruppe lautet *Nafri=Nordafrikanischer Intensivstraftäter*, wie Ende 2016 publik wurde. Es handelt sich um jene Gruppe, die Sylvester 2016 für die sexuellen Übergriffe in Köln und anderswo verantwortlich gemacht wurde. Es ist kein Zufall, dass diese wenig freundliche Abkürzung für diese Einwanderergruppe zu diesem Zeitpunkt publik wurde. Zuvor war bereits zu beobachten gewesen, wie das von den Öffentlich-Rechtlichen verbreitete Meinungsbild sich verschoben hatte. Zu Beginn der Einwanderungswelle wurde ausschließlich die Willkommenskultur verkündet. Jeder, der die Idee äußerte, dass sich auch unter Einwanderern wie in allen anderen Bevölkerungsgruppen Straftäter befinden könnten, galt als fremdenfeindlich. Nach und nach wurde dann hier und da eine einzelne Straftat zugegeben und nun, in Vorbereitung auf das Wahljahr 2017, räumt man auf diese indirekte Weise ein, dass es dort wohl ein besonderes Potenzial an Kriminalität zu geben scheint.

Doch zurück zu unseren Pflichten und Rechten als Bürger. In Artikel 20 Absatz 2 heißt es: *Alle Staatsgewalt geht vom Volke aus. Sie wird vom Volke in Wahlen und Abstimmungen und durch besondere Organe der Gesetzgebung, der vollziehenden Gewalt und der Rechtsprechung ausgeübt.* In der Tat dürfen wir unsere Kommunal-, Landes- und Bundesregierungen wählen, jeweils alle vier bis fünf Jahre unser Kreuzchen machen bei einer der Parteien, die sich uns zur Wahl anbieten. Doch manchmal haben wir den Eindruck, dass es keinen Unterschied macht, ob wir den Schwarzen, Roten, Grünen oder Gelben unsere Stimme geben. Solange sie sich in der Opposition oder im Wahlkampf befinden, mögen sie andere Auffassung als die jeweils amtierende Regierung vertreten, doch im Moment ihrer Wahl ist diese Andersartigkeit vergessen. Sie tun genau dasselbe, was ihre Vorgänger taten, belügen und betrügen uns nach Strich und Faden. Der Europäische Parlamentspräsident Jean-Claude Juncker vertrat gar öffentlich die Auffassung:

Wenn es wichtig ist, darf man lügen und schließlich ist es in der Politik ja immer wichtig.

Wir spüren es deutlich, es ist egal, wem wir unsere Stimme geben. Die Wahl ist zur Scheinveranstaltung verkommen, die die Illusion, in einer Demokratie zu leben, aufrechterhalten soll. In Wahrheit sichert die Repräsentative Demokratie die Herrschaft der Eliten und diente von Anfang an der Abwehr wahrer Demokratie. Die Wahlen als das letzte verbliebene demokratische Element, sind uninteressant. Ihr Ausgang ändert nichts an den für uns unsichtbaren Zentren der Macht hinter den jeweiligen Regierungsfiguren. Robert Michels fasste diese Erkenntnis bereits 1911 in den Satz: *Das entscheidende und wertvollste Element der Demokratie ist die Bildung einer politischen Elite im Konkurrenzkampf um die Stimmen einer hauptsächlich passiven Wählerschaft.*

So entscheiden sich viele von uns folgerichtig, sich erst gar nicht an der Wahl zu beteiligen. Die Fraktion der Nichtwähler ist in den letzten Jahren deutlich gestiegen. Während die Wahlbeteiligung bei der Bundestagswahl im Jahr 1972 noch bei 91,1 Prozent lag, verringerte sie sich bis 2013 auf 71,5 Prozent der etwa 62

Millionen Wahlberechtigten. Man nennt es Politikverdrossenheit, doch ist es nicht eher als stiller Protest, ja als passiver Widerstand zu verstehen? Wir haben keine Lust mehr auf das Affentheater, auf schlecht informierte oder korrupte Lobbyisten, die sich als Volksvertreter tarnen und doch nur ihr eigenes Wohl im Schilde führen. Keine Stimme, ist auch eine Stimme. Eine Stimme des vermeintlich Machtlosen gegen die Machenschaften der Herrschenden. Dies soll selbstverständlich nicht als Aufforderung zur Verweigerung der Wahlbeteiligung verstanden werden, sondern nur eine inzwischen verbreitete Sichtweise wiedergeben.

Abgesehen von unserem Wahlrecht haben wir vor allem Pflichten gegenüber den Behörden. So besteht für Angestellte unterhalb einer gewissen Gehaltsgröße eine Verpflichtung zur gesetzlichen Krankenversicherung, höher Verdienende sowie Beamte und Selbständige müssen sich ebenfalls krankenversichern, in der Regel auf privater Basis. Daneben gibt es eine Flut von Abgaben, die wir gegenüber staatlichen Stellen zu leisten haben: angefangen von der bereits erwähnten Pflichtabgabe an den Beitragsservice (früher bekannt als GEZ-Gebühr), über Solidaritätszuschüsse, Renten- und Pflegeversicherung. Zusätzlich wird uns nahegelegt, die Renten auch privat noch zu sichern, denn angesichts der steigenden Lebenserwartung drohe uns sonst die Altersarmut. Später wird dann nach und nach offensichtlich, dass weder Lebensversicherungen noch Riester Renten geeignete Ergänzungen zu unseren gesetzlichen Rentenansprüchen darstellen. Zudem zahlen wir Steuern auf Nahrungsmittel, Genussmittel, Kraftstoff und vieles mehr. All diese Abgaben verschwinden in dubiosen Kanälen, die nicht transparent für uns sind. Einflussmöglichkeiten auf die Verwendung der von uns geleisteten Abgaben haben wir schlichtweg nicht.

All dies mag uns ärgern oder in Wut versetzen, doch ändern können wir es nicht. Vielmehr bringt es uns in die Position des unmündigen Bürgers, der ausgeliefert ist und ohnmächtig erduldet, was von ihm verlangt wird.

Wir wollen an dieser Stelle nicht verschweigen, dass es tatsächlich an der einen oder anderen Stelle Möglichkeiten gibt, die behördlichen Vorgaben zu umgehen. Es ist in diesem Land (noch) möglich, einen Nachweis für die tatsächliche Staatsangehörigkeit zu erwerben. Das Aufzeigen, wie dies im Einzelnen funktionieren könnte, ist nicht Aufgabe dieses Buches. Wer daran interessiert ist, mehr darüber zu erfahren, kann sich zum Beispiel bei *https://www.gelberschein.net/?page=3* informieren.

Dort kann ein Buch über die rechtlichen und historischen Hintergründe mit dem Titel *Die Staatsangehörigkeit der Deutschen* von Armin Kerusk heruntergeladen werden. Außerdem erklärt Reiner Oberüber auf dieser Seite in verschiedenen Videos, welche praktischen Schritte wir gehen können, um uns einen Nachweis unserer Staatsbürgerschaft zu verschaffen. Wenn wir uns für diesen Weg entscheiden, sollten wir mit zahlreichen Widrigkeiten rechnen und uns im Klaren darüber sein, worauf wir uns einlassen. Es wird mit Sicherheit kein Sonntagsspaziergang, doch es zeigt den Behörden, dass wir um die Angelegenheit wissen und uns nicht länger für dumm verkaufen lassen.

Global Player

Wir Deutschen sind wie alle anderen Menschen der Erde Weltbürger. Welch ein großes, wohlklingendes Wort, so könnte man meinen. Die Idee, die man dahinter vermuten könnte, klingt allzu verlockend, denn wer wollte nicht den Gedanken unterstützen, dass alle Völker unserer Erde sich in Frieden zusammentun und über das Wohl ihres jeweiligen Herkunftslandes hinaus auch das Wohl unseres gesamten Planeten im Auge haben? Wir sitzen schließlich alle im gleichen Boot. Große Herausforderungen wie der Arten- und Klimaschutz bedürfen internationaler Regelungen. Hier nutzt es wenig, wenn einzelne Staaten im Alleingang voranschreiten. So wurden unter den Augen der globalen Öffentlichkeit Staatenbunde wie die Europäische Gemeinschaft (1947) und internationale Organisationen wie die Leage of Nations (1919), der Rat für Auswärtige Beziehungen (1921) und schließlich, nach dem zweiten Weltkrieg, die United Nations UN mit Sitz in New York gegründet. Die in Artikel 1 ihrer Charta nachzulesenden Aufgaben der UN werden folgendermaßen definiert:

1. *die Wahrung des Weltfriedens und der internationalen Sicherheit*
2. *die Entwicklung besserer, freundschaftlicher Beziehungen zwischen den Nationen*
3. *die internationale Zusammenarbeit, Lösung globaler Probleme und Förderung der Menschenrechte*
4. *der Mittelpunkt zu sein, an dem die Nationen diese Ziele gemeinsam verhandeln.*

Diese kleine Liste liest sich wie ein wohlklingendes Märchen angesichts der seit dem Inkrafttreten der UN Charta im Jahre 1945 geführten Kriege und Auseinandersetzungen, an denen die UN maßgelblich beteiligt waren. Die von der UN eingesetzten Blauhelme haben offiziell die Aufgabe den Frieden zu sichern, wofür sie im Jahr 1988 sogar den Friedensnobelpreis bekamen. Faktisch ist ihr Einsatz jedoch mehr als umstritten. Er hat in einem Großteil der Einsatzgebiete ganz und gar nicht zu einer schnellen Beendigung der kriegerischen Auseinandersetzungen und zum

Schweigen der Terroristischen Anschläge in den betroffenen Gebieten geführt.

Der Schweizer Historiker und Friedensforscher Dr. Daniele Ganser hat die Hintergründe globaler Ereignisse einmal folgendermaßen beschrieben: *Nahezu 100% aller terroristischen Anschläge sind das Resultat von strategischen Planungen, an denen Staatsführungen, Geheimdienste und insbesondere machtvolle Kartelle (Banken/Großkonzerne) beteiligt sind.*

Wenn dem so ist, haben die Blauhelmtruppen entweder versagt oder sie waren von vorn herein nicht wirklich zu dem vorgesehen, was wir im normalen Sprachgebrauch unter Friedenssicherung verstehen.

Auf die besondere Rolle der UN zugehörigen Organisationen FAO (Ernährungs- und Landwirtschaftsorganisation) und WHO (Weltgesundheitsorganisation) wurde ja bereits an anderer Stelle dieses Buches eingegangen. Ähnliche Verstrickungen ließen sich für alle UN Unterorganisationen zusammenstellen.

Alles in allem gewinnen wir den Eindruck, dass die Vereinten Nationen der Übermacht der Interessen globaler Eliten nicht gewachsen zu sein scheinen. Viel wahrscheinlicher jedoch erscheint es, dass sie in Wahrheit sogar als Forum dafür gegründet wurden, diese unter dem Deckmantel der Wahrung von Menschenrechten und der Friedenssicherung durchzusetzen.

Das Youtube-Video:
https://www.youtube.com/watch?v=-qHCp9YvNpA legt letztere Vermutung nahe.

Wo wir auch hinschauen, hat diese weltweit agierende Organisation ihre Finger im Spiel, selbst auf dem auf den ersten Blick nicht so wichtig erscheinenden Gebiet der Internationalen offiziellen Statistik. Waren es bis vor kurzem noch EU-Verordnungen, denen nationale Erhebungssysteme und statistische Ämter sich unterzuordnen hatten, so sind es heute UN Statistikorganisationen, die zum Beispiel über die *Substainable Developement Goals* (Substanzielle Entwicklungsziele) berichten. Offen wird verkündet, dass neben der Berichterstattung der Nationalen Statistischen Ämter (im

Falle von Deutschland ist das das Statistische Bundesamt) auch UN-eigene Datenquellen herangezogen werden. Als Beispiele werden WHO, FAO, IMF, die Weltbank Gruppe und die UNEP genannt. Die *UN Statistical Division* stellt die Indikatoren aus diesen Quellen zusammen. Die Bundesregierung berichtet zudem über den nationalen Stand der Zielerreichung der *Substainable Developement Goals* vor dem *High Level Political Forum HLPF.*

Statistik erfasst Qualitäten und Quantitäten in allen Bereichen der Wirtschaft und des öffentlichen Lebens. Wer die Richtlinien der Erfassung bestimmt, nimmt gleichzeitig Einfluss auf die erzielten Ergebnisse. Wie wir wissen, werden diese dann als Grundlage und vermeintlicher Beleg für alle möglichen Argumentationen herangezogen. Konnte man diese früher auf nationaler Ebene noch nachvollziehen und gegebenenfalls hinterfragen, ist dies auf globaler Ebene quasi unmöglich geworden, u.a. weil nicht transparent ist, woher die Daten letztlich stammen.

Bisher war es üblich, Erkenntnisse über bestimmte Bereiche des öffentlichen Lebens über statistische Erhebungen zu erlangen. Dazu existierten Aufträge an die amtliche Statistik, bestimmte Sachverhalte von öffentlichem Interesse bei einem festgelegten Kreis von Datenlieferanten zu erfragen. Diese Erkenntnisse, so wurde uns versprochen, dienten den Entscheidungsträgern als Planungsgrundlage. In jüngster Zeit kursiert das Schlagwort *Big Data* in statistischen Fachkreisen. Das bedeutet im Klartext, die gewünschten Informationen sollen direkt über unsere Smartphones, Kreditkarten und unsere Bewegungen im Internet abgegriffen werden. Noch ist von anonymisierten Datensammlungen die Rede, die zum Beispiel Pendlerströme beleuchten sollen. Doch wir können uns lebhaft vorstellen, dass es dabei nicht bleiben wird. Jedes Smartphone ist über seine Nummer einem bestimmten Nutzer zuzuordnen. Aus Sicht der Veranlasser dieser neuen Datenbeschaffungsmethoden lästige nationale gesetzliche Regelungen, die das zurzeit noch offiziell verhindern, werden bereits öffentlich in Frage gestellt. „Nationales Kleinkrämertum" soll der großen internationalen Erkenntnisgewinnung unterworfen werden. Interessanterweise setzen sich die statistischen Ämter selbst an die Spitze dieser Bewegung, obwohl sie sich damit möglicherweise in absehbarer Zukunft selbst überflüssig machen.

Auf anderen Gebieten passiert Vergleichbares. Wohin wir auch blicken, der Trend geht eindeutig hin zur Globalisierung aller Wirtschafts- und Lebensbereiche. Damit wird zunehmend alles anonymer und entfernt sich mehr und mehr von dem, was ein einzelner Mensch zu überblicken vermag. Diese Entwicklung kommt dem von vielen berühmten Persönlichkeiten des öffentlichen Lebens offen geäußerten Ziel der Neuen Weltordnung NWO sehr entgegen. Dafür, dass die Elite die NWO seit langem plant, sprechen unter anderem die folgenden Aussagen einiger bedeutender Persönlichkeiten, nachzulesen unter *http://www.orwell-staat.de/zitate.htm*

So äußerte sich David Rockefeller 1994 vor dem Wirtschafts-Ausschuss der Vereinten Nationen (UN Business Council) *Wir stehen am Rande einer weltweiten Umbildung, alles, was wir brauchen, ist die richtige allumfassende Krise und die Nationen werden in die neue Weltordnung einwilligen.*

Der ehemalige amerikanische Außenminister Henry Kissinger meinte zutreffend *Wer das Öl kontrolliert, der beherrscht die Staaten; wer die Nahrungsmittel kontrolliert, der beherrscht die Völker; und wer das Geld kontrolliert, der beherrscht die Welt!* 1993 stellte Kissinger bei einem Treffen im Haus der Weltkulturen in Berlin fest: *Die vier Botschafter (der Siegermächte des zweiten Weltkrieges) brauchten über das Berlin-Abkommen nicht viel zu verhandeln. Sie brauchten nur den Text zu unterzeichnen, den die Bilderberger ausgearbeitet hatten.* (Anmerkung der Autorin: bei den Bilderbergertreffen handelt es sich um jährliche im Geheimen stattfindende Treffen hochrangiger Persönlichkeiten aus Königshäusern, Politik, Hochfinanz und Wirtschaftsleben).

Der amerikanische Präsident Franklin Delano Roosevelt äußerte sich bereits Mitte des 20. Jahrhunderts *Die reine Wahrheit ist, dass der Hochfinanz die Regierung gehört, und zwar seit den Tagen von Andrew Jackson.*

Ein anderer großer Amerikanischer Präsident John F. Kennedy erklärte im Jahr 1961: *Denn wir haben es mit einer monolithischen und rücksichtslosen weltweiten Verschwörung zu tun, die sich hauptsächlich auf verdeckte Mittel zur Erweiterung ihres Einflussbereichs stützt - auf Infiltration statt Invasion, auf Subversion statt freier Wahlen, auf Einschüchterung statt Selbstbestimmung, auf Guerillas in der Nacht anstatt Armeen bei Tag. Es ist ein System, welches beträchtliche menschliche und materielle Ressourcen in den Aufbau einer eng geknüpften, hocheffizienten Maschinerie verstrickt hat, die diplomatische, geheimdienstliche, ökonomische, wissenschaftliche und politische Operationen kombiniert.*

Der amerikanische Kongressabgeordnete Larry P. McDonald sagte einmal: *Der Drang der Rockefellers und ihrer Verbündeten ist es, eine Weltregierung zu kreieren, welche Kapitalismus und Kommunismus vereint - unter ihrer Kontrolle. Meine ich eine Verschwörung? Ja, das tue ich. Ich bin überzeugt davon, dass so ein Plan existiert. Die Eliten planen es, und ihre Absichten sind unglaublich bösartig.* Bedauerlicherweise kam McDonald im Jahr 1983 beim Abschuss eines koreanischen Passagierflugzeugs ums Leben, das sich - wie später behauptet wurde - aus Versehen in den Luftraum der Sowjetunion verirrt hatte.

Tatsache ist, dass diese Art von neuer Weltordnung nicht zum Wohle der Menschheit gedacht ist, im Gegenteil. Ziel ist es, diese im besten Falle unfrei zu halten und zu versklaven, möglichst ohne, dass sie davon allzu viel mitbekommt. Damit das mit ihrem zunehmenden Erwachenspotenzial auch gelingen mag, werden verstärkt technische Mittel der absoluten Kontrollmöglichkeiten wie den RFID-Chip erdacht. Ein Mal (der Begriff *Mal* spielt auf die Apokalypse des Johannes an), das in den Körper des Menschen implantiert wird, um jeden seiner Schritte der absoluten Kontrolle zu unterziehen. Böse Zungen behaupten gar, dass sein Träger durch Aktivierung des Chips ausgelöscht werden könne, sollte er sich durch unerwünscht auffälliges Verhalten hervortun. Seit geraumer Zeit wird uns dieser Chip angepriesen, die „fortschrittlichen" Schweden als Vorbild hingestellt, die dem internationalen Ruf schon zu einem beachtlichen Prozentsatz gefolgt seien. Informationen über den mühelosen Vorgang des Implantierens sowie dessen vermeintliche Vorzüge gelangen sogar schon in unsere Kinderkanäle im Fernsehen. Dort zeigte man den Kleinen 2016 offen, wie cool doch solch ein

Implantat sei. Jeder, der dies nicht glauben mag, kann es ab Minute 4 unter folgendem Link nachprüfen: *https://www.youtube.com/watch?v=RY_9Ig4-oOg*. Gleichzeitig, so hört man allenthalben, sei es geplant, die Nutzung von Bargeld einzuschränken bzw. es gänzlich abzuschaffen. Neben der Nachvollziehbarkeit einer jeden noch so geringfügigen Ausgabe, ist damit verbunden, dass wir die Kontrolle und Hoheit über unsere Ersparnisse oder Wertanlagen gänzlich verlieren. Ein erster Schritt in diese Richtung wird mit der Abschaffung des 500-Euro-Scheins getan, den die Europäische Zentralbank EZB ab 2018 nicht mehr ausgeben wird.

Eine andere Zielrichtung der Architekten der neuen Weltordnung ist die systematische Reduzierung der Weltbevölkerung. Das Testament für diese „heilige Mission" der Elite ist in acht modernen und 4 altertümlichen Sprachen für jedermann auf den Georgia Guidestones, die seit 1980 in Elbert County im Bundesstaat Georgia zu bewundern sind, nachzulesen. Man verfolgt dieses erklärte Ziel mit technologischen Mitteln wie biologischen Waffen, z. B. der gezielten Verbreitung von Aids,

Ebola und anderen todbringenden Mikroben vorzugsweise in Entwicklungsländern sowie mit der Verbreitung von Giften durch Landwirtschaft und Nahrung. Auch Eugenik, die sich u. a. des Mittels der Zwangssterilisation bedient, und die Propagierung bzw. Durchsetzung der Ein-Kind-Familie sind beliebte Mittel. Letzteres wird in China bereits seit den 1960iger Jahren recht erfolgreich umgesetzt.

Seit den 1990iger Jahren boomt die Idee, die Erde vor der globalen Erwärmung retten zu müssen. Die Behauptung, der globale CO_2-Ausstoß von Industrie, Verkehr und atmenden Erdbewohnern trage die Schuld an einer weltweiten Klimaveränderung wurde und wird maßgeblich durch den Club of Rome (eine Unterorganisation der UN) in Umlauf gebracht. Sie stellt einen besonders perfiden Schachzug der Drahtzieher dar. Sie gibt uns allen die Schuld und Verantwortung für die vermeintliche Misere und nimmt uns gleichzeitig in die Pflicht, jetzt endlich gegenzusteuern. So ist also die Rettung der Erde ein willkommener Vorwand, die Reduzierung der Weltbevölkerung unter dem Applaus der Massen vorantreiben zu können. Gleichzeitig ist diese Lüge eine gute Möglichkeit, die Ziele aller öffentlichen Organisationen diesem großen globalen Rettungsziel unterordnen zu können. An allen Schalthebeln von Politik und Wirtschaft sitzen Schlüsselpersonen, die die Durchsetzung der globalen Vorgaben vorantreiben. Globale Umweltorganisationen wurden zum Schein gegründet, tragen jedoch in Wahrheit zur weiteren Kontrolle über das Geschehen auch im hintersten Winkel der Erde bei. Die Erderwärmung basiert nicht auf dem CO_2 Ausstoß von Rindermägen. Menschenatem und Pkws, sondern auf den verstärkten Aktivitäten unserer Sonne, die gleichermaßen auf dem Mars und auf den Monden des Saturn und des Jupiters zu messen sind.

Und noch ein Beispiel aus der Statistik: Fast alle Bereiche des öffentlichen Lebens werden akribisch erfasst. So auch der Güterverkehr. Dort gibt es fein herunter gebrochene Güterklassifizierungen, deren Aufkommen und Leistungen differenziert nach Verkehrsträgern erfasst werden. Eine Ausnahme bildet jedoch „Sonstiges“, ein Posten der normalerweise eine nicht zuzuordnende Restgröße bezeichnet. Erstaunlicherweise umfasst dieser Restposten im Schienengüterverkehr eine Größenordnung von mehr als 20 Prozent, des Gesamtaufkommens, Tendenz steigend. Was verbirgt sich dahinter? Bei näherem Hinsehen, erkennen wir, dass es sich zu einem Großteil um Containertransporte handelt. Welcher Inhalt sich in diesen Containern befindet, ist der Öffentlichkeit jedoch unbekannt. Sollten es etwa illegale Waffentransporte in Kriegsregionen sein? Ausschließen können wir dies sicher nicht.

Jeder Musikfreund weiß, dass Klänge uns angenehme Gefühle vermitteln können. Klang wirkt physikalisch wie Licht über Schwingungen auf unsere Systeme und erzeugt so eine harmonisierende Wirkung. Im Jahr 1939 wurde von der *International Federation of the National Standardization Associations* eine internationale Stimmtonkonferenz in London abgehalten. Diese beschloss, den Kammerton A von 432 Hz auf 440 Hz hinauf zu setzten. Warum tat sie das, warnten doch Persönlichkeiten wie Rudolf Steiner davor und meinten gar, eine höhere Frequenz begünstige die Entwicklung unsozialen Verhaltens und hemme unsere Weiterentwicklung? Heute wissen wir, dass diese Frequenzänderung dazu beiträgt, die Aktivitäten unserer linken Gehirnhälfte einseitig zu unterstützen und das harmonische Zusammenspiel beider Teile unserer körpereigenen Schaltzentrale zu unterbinden. Die Begründung für diese Entscheidung auf der Stimmtonkonferenz mag sich jeder selber geben. Tatsache ist, dass bis zum heutigen Tag ein Großteil unserer Musik auf diese 440iger Frequenz eingestimmt wird. Wir wissen, dass auch die Musikbranche heute in großem Umfang einem internationalen Massengeschäft mit künstlich erzeugten Interpreten und Klangmustern verkommen ist. Dankenswerter Weise gibt es davon auch Ausnahmen, doch sie haben es schwer auf dem Markt.

Die Liste von Beispielen globaler Manipulationen ließe sich beliebig fortsetzen, doch es ist nicht das Anliegen dieses Buches, ein annähernd vollständiges Bild zu vermitteln, was im Übrigen auch gar nicht möglich wäre. Vielmehr geht es darum, einen kleinen Einblick in die internationalen, von langer Hand gesteuerten Machenschaften zu vermitteln, verbunden mit dem Angebot an den Leser, hellhörig zu werden, zu hinterfragen, welches Spiel da eigentlich mit uns gespielt wird und ihm die Möglichkeit zu eröffnen, für sich ganz persönlich die Entscheidung zu treffen, ob er sich (weiterhin) daran beteiligen möchte.

Religion und Kirche

Angesichts dieser vielen Lebensbereiche, in denen wir manipuliert werden, fühlen sich viele von uns unfrei und wie in einem Käfig gefangen. Wir suchen nach etwas jenseits all dieser Unwahrheiten und Einengungen, etwas Reinem und Wahrhaftigem, etwas, das geeignet ist, unsere spirituelle Sehnsucht zu stillen. Vielleicht geraten wir auf dieser Suche auch an kirchliche oder sektenähnliche Organisationen, die vorgeben, genau diese Bedürfnisse zu befriedigen. Auch für Laien gibt es vielfältige Möglichkeiten, sich im Umfeld dieser Organisationen zu engagieren, angefangen vom gemeinsamen Singen im Kirchenchor über das Leiten von Jugendgruppen oder Altenstammtischen bis hin zu offiziellen Ämtern wie zum Beispiel dem des Presbyters in einer evangelischen Gemeinde. Die genannten Tätigkeiten mögen sich gut für uns anfühlen, wir mögen das Gefühl haben, etwas Positives für unser Seelenheil zu tun und gleichzeitig anderen Menschen zu helfen.

Doch Vorsicht: den genannten Betätigungsfeldern gemeinsam ist, dass sie Organisationen dienen, die alles andere als die freie Entfaltung unseres Seelenplans im Sinn haben. Und dabei ist es völlig einerlei, ob es sich um katholische, evangelische Kirchen, Sekten oder außerchristliche Religionsgemeinschaften handelt. Sie alle sind Weltmeister in der Manipulation ihrer Mitglieder und praktizieren diese so systematisch und wirkungsvoll wie kaum eine andere Gruppierung unserer Gesellschaft. Jedes christliche Sakrament, wie Taufe, Eucharistie, Eheschließung, Priesterweihe oder Krankensalbung ist bestens dazu geeignet, uns von unserem Zugang zur Quelle zu entfernen oder sogar abzuschneiden. So paradox es klingen mag, die Kirchenvertreter höherer Ränge sind nicht an unserer spirituellen Entwicklung interessiert. Vielmehr wollen sie uns zu gefügigen

Gefolgsleuten ihrer Organisationen machen und unsere Seelen an diese binden. Die kirchlichen Organisationen arbeiten mit Tricks wie Macht, Angst und Abhängigkeiten. Gezielt versuchen sie die verschiedenen Stufen der Beeinflussung nach Bedarf einzusetzen und Insidern bekannte Techniken der Manipulation wie das Setzen von Ankern und Implantaten oder die Anwendung schwarzer Magie zum Einsatz zu bringen. Wer sich für Einzelheiten interessiert, dem sei das 2015 im Eigenverlag erschienene Buch des langjährigen ehemaligen Priesters, Kurt Meier *Unchurch Now* empfohlen.

Ebenso vorsichtig sollten wir gegenüber der New-Age-Bewegung sein, die von vielen als spirituelle Alternative der etablierten Religionsgemeinschaften verstanden wird. Doch auch sie verdreht die universellen Wahrheiten zu ihrem Nutzen und unterstützt damit auf subtile Weise die Vorhaben der Eliten.

Medien

Die Grundrechte als Verfassungsgarantien versetzen den grundrechtsverpflichteten Staat in das Rechtsverhältnis eines Schuldners gegenüber allen Grundrechtsträgern als Gläubiger. Ein Staat, welcher dieses Verhältnis umkehrt und bereit ist, die Existenzen seiner Bürger zu vernichten und sie sogar in Gefängnisse zu sperren, weil sie sich weigern, für Staatspropaganda verfassungswidrige Zwangsbeiträge zu zahlen, hat kein Recht, sich als Rechtsstaat auf dem Boden des Grundgesetzes zu bezeichnen. Das ist die Fortsetzung des Nationalsozialismus mit anderen Mitteln. Wir wehren den Anfängen! Wir verteidigen das Grundgesetz!

Diese barschen Worte finden wir als Einstieg auf die Internetseite *https://rundfunkbeitragsklage.de/.*

Doch was hat es damit auf sich? Seit dem 1.1.2013 muss jeder Haushalt einen Zwangsbeitrag in Höhe von 17,50 Euro monatlich an den sogenannten Beitragsservice entrichten. Diese Gebühr ersetzt die ehemalige GEZ (Gebühren-Einzugs-Zentrale)-Gebühr, die allerdings nur dann bezahlt werden musste, wenn wir Besitzer eines Rundfunkgeräts waren und dies auch nutzten. Viele empfinden den heutigen Zwangsbeitrag als schlichtweg rechtswidrig, auch wenn das Bundesverfassungsgericht ihn mit seinem Urteil vom März 2016 legitimiert hat. Aus Sicht der Klagenden kommt erschwerend hinzu, dass die Qualität der ausgestrahlten Sendungen zu wünschen übrig-lässt. Laut des 2016 erschienen Buchs des Autors, Heiko Schrang *Die GEZ-Lüge* werden beispielsweise nur 25 Cent unseres Beitrags von 17,50 Euro für das Flaggschiff der Öffentlich-Rechtlichen Tagesthemen und Tagesschau samt der zugehörigen Internetseite aufgewendet. Alles andere, so Schrang, landet in dubiosen Kanälen und nicht zuletzt bei der Finanzierung horrender Renten der in diesem Geschäft tätigen Mitarbeiter, die diese zusätzlich zu ihren normalen Altersruhegeldern beziehen. Schrang führt Beträge für diese Renten an, die einem angesichts der drohenden Altersarmut weiter Bevölkerungskreise schier den Atem stocken lassen. Gleichzeitig wird der Fernsehzuschauer mit Konserven bedient, die mit jeder zusätzlichen Wiederholung an Unterhaltungswert einbüßen.

Doch was uns noch stärker aufhorchen lassen sollte, ist die Qualität jener Sendungen, die uns als Nachrichten, Kommentare zu politischen Ereignissen und Talkshows mit Personen des öffentlichen Lebens präsentiert werden. Hier wird nach-gerichtet und manipuliert was das Zeug hält. Wenn kein geeignetes Bildmaterial zur Untermauerung der Meldungen vorhanden ist, dann greift man halt in die Trickkiste, bemüht Konserven oder schneidet Bildmaterial so zusammen, dass es geeignet erscheint und dem Zuschauer möglichst nicht auffällt, dass es bereits zu anderen Gelegenheiten gezeigt wurde. Als Beispiele dazu nennt Schrang ein Archivfoto von 2003, auf dem eine Menschenkette gegen den Irak-Krieg abgebildet war, das allerdings in der Tagesschau vom 17. Oktober 2015 für einige Sekunden eingeblendet wurde, um die Zustimmung der Bevölkerung für die damals massenhaft einströmenden Flüchtlinge zu belegen. Ein authentisches Foto ließ sich leider nicht anfertigen, da die von SPD und Grünen initiierte Menschenkette für Flüchtlinge sehr viel weniger umfangreich ausgefallen war als von den Initiatoren erhofft und von den Nachrichten verkündet. Ein anderes Mal sei eine Fotomontage veröffentlicht worden, auf der 40 namhafte Politiker zu sehen waren, die einen Demonstrationszug von mehreren 100.000 Menschen anführten, die gegen Terror auf die Straße gingen.

Von tatsächlichen Friedensmärschen, wie sie zum Beispiel in der Ukraine und in Nordafrika Hunderttausende von Menschen zu aktivieren vermochten, wird dagegen überhaupt nicht oder in verzerrter Art und Weise berichtet. Es würde nicht ins Bild passen, dass Menschen, die man uns lieber als Kriegstreiber präsentieren möchte, sich in großer Zahl für den Frieden engagieren. Außerdem würde es uns eine Ahnung von der Macht der Massen vermitteln und womöglich dazu beitragen, dass wir uns aus unserem bequemen Fernsehsessel erhöben.

Die Beeinflussung, die uns über das Massenmedium Fernsehen erreicht, besitzt auch heute noch einen hohen Wirkungsgrad. Das Fernsehen hat laut der JIM-Studie 2016 *(https://www.schau-hin.info/service/studien.html)* neben den zahlreichen anderen, meist mobilen Medien, auch heute noch einen hohen Stellenwert im Alltagsleben der Zwölf- bis Neunzehnjährigen. *46 Prozent der Jugendlichen sehen nach eigenen Angaben täglich, weitere 33 Prozent mehrmals die Woche fern. Die eigene Fernsehnutzung wird von den Jugendlichen auf 105 Minuten geschätzt,* so die Ergebnisse der genannten Studie und erfolgt nach wie vor hauptsächlich über die stationären Fernsehgeräte. Zusätzlich nehmen auch die tägliche Nutzung von Handy (92 Prozent), Internet (87 Prozent) und Musikhören (82 Prozent) einen hohen Stellenwert im Alltagsleben der Heranwachsenden ein.

Die genannten Ergebnisse der Forsa-Studie überraschen uns nicht. Der Medienkonsum ist in allen Altersgruppen, auch und gerade bei Jugendlichen hoch. Im Hinblick auf unser Thema *Der gefangene Mensch* hat diese Tatsache verschiedene Aspekte.

Es sieht zunächst so aus, als könnten wir uns frei und ungehindert über alle möglichen Kanäle informieren und dieser Eindruck wird durch die verschiedenen Zugangsmöglichkeiten der modernen Zeit verstärkt. Doch verschiedene Zugangsmöglichkeiten bieten nicht zwangsläufig auch verschiedene Inhalte. Im

Internet und auf Videokanälen findet man tatsächlich noch (Stand: Ende 2016) eine reiche Palette an Informationsmöglichkeiten und Alternativen zum Mainstream. Hier bemühen sich engagierte Journalisten, Ereignisse aus einer anderen Perspektive als der gewohnten und manipulierten zu betrachten. Sie äußern ihre Meinung frei und ohne den Maulkorb der Öffentlich-Rechtlichen, was ihnen mitunter Kritik bis hin zu wüsten Beschimpfungen beschert. Diese alternativen Möglichkeiten zur Informationsaufnahme wurde zudem vor kurzem (Ende 2016) von der Kanzlerin der Bundesrepublik Deutschland beklagt und gleichzeitig Einschränkungen dieser als *Fake News* bezeichneten Alternativen angekündigt. Es steht zu befürchten, dass alle Inhalte, die nicht der Mainstream-Meinung entsprechen, zunehmend der Zensur unterliegen könnten. Nach Aussage von Heiko Schrang in seinem Newsletter vom 29.12.2016 sei *geplant, dass marktbeherrschende Plattformen wie Facebook auf deutschem Boden eine Rechtsschutzstelle errichten müssen. Diese soll an 365 Tagen im Jahr 24 Stunden erreichbar sein. Facebook soll dazu gezwungen werden, Einträge zu löschen, die unter die Rubrik Fake News und Hassbotschaften fallen. Andernfalls drohen – so die Pläne – Bußgelder von bis zu 500.000 Euro! Hierdurch sollen nicht nur sogenannte „Falschmeldungen, die rechtspopulistische und verschwörungstheoretische Inhalte" haben, aus dem Netz entfernt werden, sondern die Algorithmen sollen zukünftig so arbeiten, dass Nutzern aktiv Inhalte präsentiert werden, die dem Mainstream entsprechen.*

Eine beliebte Taktik der kontrollierten Medien ist es, die Internetalternativen als rechtslastig oder gar rechtradikal zu diffamieren oder ihre Botschaften bzw. Botschafter ins Lächerliche zu ziehen. Schon Mahatma Gandhi war sich dieser Taktik bewusst, als er die folgende Aussage formulierte: *Zuerst ignorieren sie dich, dann lachen sie über dich, dann bekämpfen sie dich und dann gewinnst du.* Zumindest der letzte Teil seiner Aussage stimmt versöhnlich, denn er erinnert uns daran, dass das Licht auch auf diesem Gebiet über den Schatten siegen wird.

Manchmal können wir den Eindruck gewinnen, dass es auch den Vertretern der alternativen Medien guttut, ab und zu an diesen tröstlichen Ausgang erinnert zu werden. So konnten wir die bewegende Weihnachtsansprache 2016 von Jo Conrad *http://bewusst.tv/besinnt-euch/* als einen fast verzweifelten Appell an die Zuhörerschaft empfinden, der uns nun wirklich endgültig vor Augen führen sollte, wie unverblümt die Meinungsmacher uns belügen und für dumm verkaufen wollen. Der inzwischen häufig verwendete Begriff der Lügenpresse meint genau diese Machenschaften.

Es sind eine Handvoll einflussreicher Personen, die die Mainstreammedien regieren. Zu letzteren zählen neben den Fernseh- und Rundfunkprogrammen auch Printmedien wie Zeitschriften und Zeitungen, und zwar unabhängig davon, ob wir den Zugang über die klassische gedruckte oder die Online-Version wählen. Filme und Bücher, die es in die Bestsellerlisten schaffen ebenso, denn ohne die massive und finanzkräftige Unterstützung großer Werbekampagnen ist es gar nicht mehr möglich, einen Bestseller zu platzieren. Von vorn herein wird unsere Aufmerksamkeit auf bestimmte Produkte gelenkt und wir bekommen eine Pseudo-Entscheidungsfreiheit, ob wir die *Bildzeitung* oder *Die Welt* lesen möchten. Doch der Unterschied zwischen beiden liegt allein in der Aufbereitung der Inhalte, die Inhalte selbst sind dieselben. Neigen wir zu intellektuellem Hinterfragen, so bekommen wir im letzteren Fall vermeintlich kritische Kommentare geliefert, während uns auf der Bildzeitung eine reißerische Schlagzeile zur gleichen Aussage anlacht. Im genannten Fall mag uns diese Tatsache nicht überraschen, denn beide Blätter gehören zum Konzern der Friede Springer, einer engen Freundin unserer Kanzlerin. Jeder Journalist, der sich entscheidet, für den Springerkonzern zu arbeiten, muss sich in seinem Arbeitsvertrag zur Atlantik-Brücke bekennen (Einsatz für Israel und die transatlantische Partnerschaft).

Ebenso steht es mit dem Bertelsmannkonzern, dem zweiten mächtigen Pfeiler der deutschen Medienlandschaft. Auch er bekennt sich eindeutig zum transatlantischen Bündnis mit einseitiger Sympathie für Israel und Amerika. Diesen beiden Staaten gegenüber kritische Stimmen werden schlichtweg nicht veröffentlicht. Bertelsmann wird nachgesagt, sogar am Verfassen von Gesetzen, wie der Agenda 2010 von Gerhard Schröder beteiligt gewesen zu sein. Unter

http://www.lichtsprache-online.com/hintergr%C3%BCnde-zu-weltereignissen/die-deutschen-medien-sind-komplett-kontrolliert/
erfahren wir, dass *Jahrzehntelange Berieselung mit Falschinformationen schließlich dazu geführt hat, dass die deutsche Bevölkerung alles glaubt, was in der Zeitung steht und im Fernsehen gebracht wird. Es ist ein schlafendes Volk entstanden, das lenkbar und manipulierbar ist und nichts Anderes mehr zulässt als das, was es von den Medien „beigebracht" bekam. Wussten Sie, dass die Alliierten den History-Channel kontrollieren und damit die Geschichte umgeschrieben haben? Oder Reuters zum Rothschild-Imperium gehört? Dass die dpa Warburg gehört? Dass J.P. Morgan ABC und Rockefeller NBC kontrollieren? Oder dass NBC und CBS mit der Atomindustrie verbunden sind? Letzterer TV-Sender gehört übrigens zum CFR (Council of Foreign Relations). In den Protokollen der Weisen von Zion wurde bereits festgelegt: „Die Medien dienen zur Aufreizung und Entflammung der Volksleidenschaften, und die Öffentlichkeit hat nicht die geringste Ahnung, wem die Medien wirk-*

lich dienen. Keine einzige Ankündigung wird ohne unsere Kontrolle an die Öffentlichkeit gelangen, indem die Nachrichten aus aller Welt in einigen wenigen Nachrichtenagenturen zusammenlaufen. Diese Agenturen werden von uns bereits kontrolliert und lassen nur das in die Öffentlichkeit, was wir gutheißen".

Offiziell sollen die Massenmedien eine Informations-, eine Meinungsbildungs- und eine Kritik- und Kontrollfunktion ausüben, doch werden sie in Wahrheit von einer Handvoll Menschen aus dem Hintergrund gesteuert und manipuliert. Dies ist nicht auf ein bestimmtes Land, wie Deutschland, beschränkt, sondern gilt weltweit, denn diese Drahtzieher agieren global. Jede Berichterstattung dient der Propaganda statt uns neutral, objektiv und unabhängig die jeweiligen Fakten mitzuteilen. Die Mittel mögen nicht mehr ganz so plump wie unter den Propagandamaschinerien totalitären Staaten sein, doch sind sie damit möglicherweise umso wirksamer. Wie wir wissen, gab es unter Hitler ein eigenes Ministerium für Volksaufklärung und Propaganda, das von Joseph Goebbels geleitet wurde. Sowohl in dieser Funktion als auch als Präsident der Reichskulturkammer lenkte Goebbels Presse,

Rundfunk und Film, die in den 1930iger Jahren maßgeblichen Medien der Einflussnahme auf die Bevölkerung und leistete damit einen nicht unerheblichen Beitrag zur Machtstabilisierung der NSDAP. Heute definiert die Bundeszentrale für politische Bildung den Begriff Propaganda so: *Charakteristisch für Propaganda ist, dass sie die verschiedenen Seiten einer Thematik nicht darlegt und Meinungen und Informationen vermischt.*

Zusätzlich wird die Meinungsbildung heute gern durch Umfragen unterstützt. Die Befragten wiederholen dann das, was sie zuvor in den Medien berichtet bekommen, so wie gelehrige Schüler, die ihre Hausaufgaben gewissenhaft erledigt haben. Das hat den für die Meinungsbildner positiven Effekt, dass alles aus einer anderen Perspektive nochmals bestätigt wird. Anscheinend hat es eine manifestierende Wirkung auf das Bewusstsein der meisten Konsumenten, wenn sie es durch Ihresgleichen widergekäut serviert bekommen.

Doch die genannten Zustände zu beklagen, macht wenig Sinn. Wir haben es soweit kommen lassen. Wir haben uns bisher nicht gegen die beginnende Gleichschaltung zur Wehr gesetzt und wir haben den Schlaf der Unschuldigen geschlafen.

Doch nun ist eine neue Zeit: Eine Gruppe von Autoren vom Runden Tisch Berlin hat sich in einem offenen Brief an den Bundespräsidenten Gauck gewandt. Die in diesem Brief geäußerte Forderung war keine geringere als die Aufhebung der Medienzensur in Deutschland und eine Aufarbeitung der Lügen der letzten 100 Jahre. Auch wenn wir nicht an den Schalthebeln des journalistischen Geschehens sitzen, können wir **jetzt** unser bisheriges Konsumverhalten hinterfragen und unseren eigenen Weg finden, mit dieser permanenten Berieselung der ewig gleichen Lügen umzugehen. Niemand zwingt uns, uns den Schlagzeilen, Filmen, Talksendungen und Nachrichten auszusetzen. Wenn wir erkannt haben, dass uns diese Infiltrierung nicht guttut, steht es uns frei, den Fernseher einfach aus zu lassen. Mit etwas Abstand, nach einer Phase der Abstinenz, erkennen wir die Tricks viel besser und das Gebotene erscheint uns noch unerträglicher als bereits zuvor. Für den Fall, dass wir der Faszination des Flimmerkastens nicht widerstehen können, hat Jan van Helsing einen guten Tipp für uns:

Ich selber sage mir, dass die Medien in den Händen der destruktiven Kräfte sind. An ihren Früchten erkennen wir sie ja. Also werden diese versuchen, sich selbst als die „Guten" darzustellen und deren Widersacher, die für die Menschheit wirklich Nützlichen, als die „Bösen". Aufgrund dieses Gedankens sage ich mir persönlich: Man muss nur all das, was in den Massenmedien besonders propagiert wird, herumdrehen und findet im Groben die Wahrheit. Zumindest sieht man die Richtung, in die es geht. Die Opfer sind die Täter und die Retter sind die Henker! Prüfen Sie das einmal für sich selbst!

(Aus: „Geheimgesellschaften II", Jan van Helsing im deutschen Sprachbereich streng verboten).

Werbung – Gehirnwäsche – Mind Control

Während es beim Thema Medien hauptsächlich um die inhaltliche Manipulation ging, wollen wir an dieser Stelle kurz einen Blick auf die Methoden der Meinungsmacher werfen. Es ist unglaublich mit welchen Mitteln gearbeitet wird, um uns nachhaltig zu beeinflussen.

Bei der Werbung stehen wirtschaftliche Interessen von Firmen im Vordergrund, die bestimmte Produkte an den Mann oder die Frau bringen möchten. Diese schlichte Wahrheit leuchtet jedem unmittelbar ein und ist ja auch bis zu einem gewissen Grad legitim und zu rechtfertigen. Doch was steht wirklich dahinter? Wenn wir uns die Werbung nur einmal unter dem Aspekt der darin vermittelten Geschlechterrollen betrachten, kann uns das kalte Grausen erfassen, denn sexistische Tendenzen sind unübersehbar. Interessanterweise geschieht dies in einer Welt, in der zeitgleich Political Correctness und Genderwahn von offizieller Seite auf den Höhepunkt getrieben werden.

In der Werbung dagegen werden uns einige wenige Frauenbilder angeboten. Frauen erscheinen dort entweder als vollständig auf ihren Körper fixierte Geschöpfe, die nichts anderes im Sinn haben, als ihre äußere Fassade mit Hilfsmitteln wie Haarfarbe, Haarspray oder Hautcreme festzutackern oder als gesundheitsbewusste, treusorgende Familienmütter, die das Geschehen im Griff haben und sich aufopferungsvoll um das Wohl ihrer Lieben sorgen. Dann gibt es noch den Putzteufel, dessen Lebensglück in einem sauberen Wäschestück liegt und die taffe moderne Frau, die cool, gesundheitsbewusst und energiegeladen daherkommt. Diverse Lightprodukte unterstützen sie darin, so auszusehen, wie man es von ihr erwartet. Der Taillenumfang stimmt. Eine fragwürdige Form der „Freiheit"! Nicht unterschlagen sollten wir, dass Werbespots über Parfums gern mit einer gehörigen Portion Erotik gewürzt werden. Abschließend gibt es noch die Variante der Superfrau, die all diese ach so erstrebenswerten Eigenschaften in sich vereinigt. Sinngemäß wird diese Taktik selbstverständlich auch für Männer, Kinder, Alte und alle anderen Zielgruppen eingesetzt.

Und wir, die ganz normalen Durchschnittsmenschen? Können wir da wirklich mithalten? Solange wir diesen Anspruch haben, diesem Frauen- oder auch Männerbild möglichst nahe zu kommen, wird es uns nicht gelingen, ein selbstbestimmtes, freies Leben zu führen. Es spricht nichts dagegen schön, schlank, gesund, sexy und liebevoll zu sein. Doch durch den Kauf und die Anwendung bestimmter Produkte werden wir das sicher nicht erreichen. Auch nicht dadurch, einem Idealbild nachzueifern und es doch niemals zu erreichen. Es liegt in der Natur der Sache, dass es nicht erreichbar ist, wir uns klein und unvollkommen vorkommen, wenn wir bei diesem Versuch versagt haben. So ist es ein angenehmer Nebeneffekt der Werbebranche, dass wir mehr und mehr von diesen Wundermitteln kaufen und uns dabei immer unvollkommener vorkommen, denn sicher führen sie nur bei uns nicht zu dem versprochenen Erfolg. Unterschwellig geben wir uns selbst die Schuld dafür, dass sie nicht wirken. Das macht uns klein, unwürdig und noch besser manipulierbar, ein wahrer Teufelskreis. Zudem werden wir durch Werbung dazu aufgefordert, unsere Aufmerksamkeit an äußere Dinge zu verschwenden, die uns von unserem eigentlichen Lebenszweck nur ablenken. Es werden künstliche Bedürfnisse erzeugt, die wir aus uns selbst heraus vielleicht niemals entwickelt hätten.

All das mag für unser Tagesbewusstsein keine neue Information und ziemlich offensichtlich sein, doch die Techniken, damit diese Abläufe trotzdem funktionieren sind subtil und wenden sich an unser Unterbewusstsein. Eine bei Werbefachleuten beliebte Methode ist zum Beispiel die sublime. Bei dieser Technik werden für Bruchteile von Sekunden bestimmte Klangfrequenzen oder Bilder eingeblendet, die zwar nicht unser Tagesbewusstsein sehr wohl aber unser Unterbewusstsein aufnehmen kann.

Eine andere zur Meinungsbildung gern eingesetzte Methode spricht unsere kognitive Seite an. Durch gezielt eingesetzte Sprachmanipulation wird unser Denken gelenkt. Moderne Kunstbegriffe wie *Freihandel, Lohnnebenkosten, Humanitäre Intervention oder Rettungsschirm* bestehen aus einem ganzen Paket aus historischen und ideologischen Verquickungen. Besonders haben es die Denunziationsbegriffe wie *Querfront, Verschwörungstheorie oder (Rechts-)Populismus* in sich. Prof. Rainer Mausfeld führt in seinem Vortrag *Die Angst der Machteliten vor dem Volk* (zu finden unter: *https://www.youtube.com/watch?v=Rk6I9gXwack)* leicht verständlich aus, wie hier mit einer Verklammerungslogik gearbeitet wird. Geächtete Themen werden mit der Kritik an den Eliten verklammert. So werden Themen, die von ihnen als gefährlich angesehen werden, tabuisiert. Wer sich trotzdem damit beschäftigt, wird mindestens gesellschaftlich geächtet.

Die beschriebenen Vorgehensweisen könnten wir auch als Gehirnwäsche bezeichnen. Prof. Mausfeld nennt sie *Mentalvergiftung,* ebenfalls ein sehr anschaulicher Begriff. Sie basieren auf einem umfangreichen Wissen der Eliten über unsere psychischen und geistigen Angriffspunkte bzw. -flächen, die durch die gezielte Förderung von sozialwissenschaftlichen Forschungen erkannt wurden. Zum Wissensschatz der Durchschnittsbevölkerung gehört dieses Wissen selbstverständlich nicht. Hierbei liegt der Fokus weniger, wie bei der Werbung, auf Produkten als auf Meinungen und Verhaltensweisen, die von uns angenommen und verinnerlicht werden sollen. Im Volksmund wenden wir den Begriff *Gehirnwäsche* gern auf totalitäre Regime an, die ihre Gegner gezielt in sogenannten Umerziehungslagern drillen, ähnlich wie es die in Kapitel *Dunkel kommt ans Licht* genannte Ingenieurin über die angeblich in Deutschlands Untergrund indoktrinierten Nordafrikaner beschrieben hat, geschehen soll. Doch täuschen wir uns nicht, wir alle sind potenzielle Gegner der Eliten, sollten wir nur allzu sehr zum selbstständigen Denken und Fühlen neigen. Deshalb ist es aus ihrer Sicht ratsam, dieses Denken und Fühlen von vorne herein in die gewünschten Bahnen zu lenken. Die von der Werbebranche vermittelten Idealbilder sind ein Mittel, uns vom wesentlichen, vom Leben selbst abzulenken. Wir werden animiert, Pseudowerten nachzueifern und uns selbst und den Grund, warum wir hier sind, aus den Augen zu verlieren. Wir sollen zu funktionierenden Teilen der Gesellschaft erzogen werden und den Bezug zu unserer göttlichen Schöpferkraft verlieren.

Die Mittel, mit denen versucht wird, dies zu erreichen, waren bereits in der Vergangenheit vielfältig und sie sind es durch die Zunahme technischer Möglichkeiten heute erst recht. Neben den beschriebenen psychologischen Tricks gibt es noch eine Fülle von feinstofflichen Methoden, die unseren Astralkörper betreffen, das heißt, sie sind für uns in unserer dreidimensionalen Welt nicht unmittelbar greifbar, doch dafür nicht minder wirksam. In unserer Entfaltung als freie Menschen werden wir zum Beispiel gehindert durch Verträge und installierte Manipulationen mit anderen aus dieser und vergangenen Inkarnationen, durch externe und interne Flüche, durch externe Anhaftungen, durch installierte Behinderungssätze. Dazu werden Methoden angewandt, die sich dem Verständnis des Normalbürgers entziehen. Sie stammen aus dem Reich der schwarzen Magie oder dem Ideenspektrum von Wesenheiten, die sich zur Durchsetzung ihrer Interessen menschlicher Machthaber bedienen, von denen wir glauben mögen, dass es sich um die eigentlichen Eliten handelt.

Diese vermeintlichen Eliten verfolgen jedoch lediglich eine ähnliche Interessenlage, was sie als Erfüllungsgehilfen der Dunkelkräfte prädestiniert. Vermutlich empfinden sie sich selbst als die eigentlichen Drahtzieher des Geschehens und merken gar nicht, wie auch sie manipuliert werden. Auf feinstofflicher Ebene angewandt werden Techniken wie Abschirmungen, Hochabschirmungen, Vernebelungen, Energieverdrehungen, Energieanzapfungen, Mikroben, Implantate, Schalter, Hologramme und vieles mehr. Das gemeinsame Ziel dieser Methoden ist es, uns eine Wirklichkeit vorzugaukeln, die unser Leben bestimmen soll. Dies funktionierte über lange Zeit aus Sicht der Manipulateure hervorragend. Nur der erwachte Mensch, der um diese Machenschaften weiß und Methoden entwickelt, sie unschädlich zu machen, stellt zunehmend eine Gefahr für diese Kräfte dar. Schnell wirksame Methoden zur Auflösung der genannten Manipulationen finden wir unter *http://www.vikara.de/geschenke.html*

Mind Control tritt in zwei verschiedenen Erscheinungsformen auf. Technische Mind Control bedient sich in erster Linie unterschiedlicher Informationsträger, die aufmodulierte Informationen und Qualitäten besitzen. Ca 90 Prozent der Menschheit sind der allgemeinen Mind Control ausgesetzt. Die anderen 10 Prozent gehören dem Lager der Absender des Mind Control, also den Eliten und den Mächten im Hintergrund an. Es handelt sich um die Aufmodulation von Informationen bzw. Mental- und Gefühlssegmenten auf Trägermedien wie Musik, Bilder, Videos, Radiowellen oder Funkwellen. Heute wird vor allem technisches Mind Control produziert, das mit Skalarwellen als Trägermedium arbeitet. Skalarwellen sind die elektrischen oder magnetischen Informationsträger des Universums. Technische Informationen zum Thema finden wir unter *www.k-meyl.de*. Als Verstärker der aufmodulierten Qualitäten wird beispielsweise die Haarp-Technologie benutzt. Ziel der Mind Control ist in erster Linie die Dämpfung unseres Mitgefühls und unseres Interesses bzw. unsere Empfindungen gegenüber Geschehnissen im Außen.

Wenn wir uns weniger für die Ereignisse unserer Welt interessieren, bilden wir uns weniger leicht eine eigene Meinung und versuchen noch weniger, sie entschieden zu vertreten und mutig zu ihr zu stehen. Das ermöglicht eine willkommene Vereinfachung der von den genannten Wesen angestrebten Ziele wie die Neue Weltordnung und ähnliches. Allerdings wirkt diese Art von Mind Control nicht bei allen Menschen gleich stark und tendenziell verliert sie durch die seit einigen Jahren auf uns einströmende Aufstiegsenergie an Wirksamkeit.

Bei individuellem Mind Control geht es darum, bestimmte Personen zu Handlungen zu bewegen, die sie sonst nicht ausführen würden oder sie daran zu hindern, ihre eigenen Absichten umzusetzen. Dazu ist eine Art Antenne im Körper des Betroffenen von Nöten, über die er die aufmodulierten Skalarwellen empfangen kann. Die physische Ausprägung dieser antennenähnlichen Objekte können kleinste Teilchen in Form von Implantaten sein, die beispielsweise über Kanülen gespritzt werden. Zur unbemerkten Installation solcher Objekte eignen sich zum Beispiel hervorragend Impfungen. Sofern die DNA bekannt ist (z. B. durch zuvor entnommene Blutproben oder Speichelabstriche), kann auch sie als Antenne genutzt werden.

Eigenverantwortung

Die Aufmerksamkeit ist der Schlüssel. Denn worauf der Mensch seine Aufmerksamkeit richtet, dorthin geht seine Energie, und er selbst kann ihr nur folgen. (Saint Germain)

All die beleuchteten Bereiche des äußeren Lebens können wir als einengend und belastend empfinden. Doch wir selbst tragen die Verantwortung! Wie mehrfach betont sind es nicht nur die „bösen Mächte“ im Äußeren, die uns zu Sklaven degradieren. Wir haben ihnen über lange Zeit hinweg die Kraft gegeben, dies zu tun. Wir selbst sind verantwortlich für das, was aus der Welt geworden ist.

Aus übergeordneter Sicht war das gut und richtig so und Teil des großen Plans. Wir mussten es soweit kommen lassen, um aus diesen Erfahrungen heraus jetzt bewusst einen anderen Weg einschlagen zu können. Jetzt haben wir die Chance, das Rad der Geschichte in eine andere Richtung lenken. Im vorchristlichen Israel, so wird berichtet, trieb man einen Ziegenbock in die Wüste, dem ein religiöser

Würdenträger zuvor die Sünden des Volkes übertragen hatte. Das war der berühmt, berüchtigte Sündenbock, der unfreiwillig alle Schuld auf sich nehmen musste und das Volk damit wieder frei werden ließ. Heute sollte die Zeit der Sündenbocksuche vorbei sein. Auf Eliten im Außen zu schimpfen, die "Böses" mit uns vorhaben, bringt uns nicht weiter. Vielmehr haben wir jetzt die Chance, uns den Schatten in unserem Inneren zu stellen, sie völlig unaufgeregt zu betrachten und in Liebe zu transformieren und zu integrieren. So können wir wieder in unsere eigene Kraft kommen. Wir können uns darauf besinnen, wer wir wirklich sind: göttliche Schöpferwesen, die von der höchsten Energie des Universums, dem Licht und der Liebe, gespeist sind.

Teil III Raus aus dem Käfig

Armin Risi, ein bekannter zeitgenössischer Philosoph und Buchautor, schreibt kurz vor der Jahreswende 2016/2017 für den Newsletter des Netzwerkes Transformales Netz TN:

Viele schwere Prophezeiungen begleiten uns ins neue Jahr, aber jenseits der schlagzeiligen Welt geschieht viel Wundervolles, und je mehr sich die Menschen dessen bewusst werden, desto mehr kann Heilung auch weltweit geschehen. So wie bei Bruno Gröning und anderen Geistheilern Gelähmte plötzlich aus dem Rollstuhl aufstehen konnten, so kann auch die Menschheit kollektiv aus der „Lähmung" und „Hypnose" erwachen. Der Heilstrom ist hier der Schlüssel und die Verbindung zur göttlichen Quelle.

Aufwachen

Der Begriff *Aufwachen* kann im Zusammenhang mit dem bisher Geschriebenen zweierlei bedeuten. Er kann meinen, dass wir aus unserem Dornröschenschlaf erwachen, nicht mehr nur willenlos konsumieren, was man uns vorsetzt. Er kann darauf hinweisen, dass wir erkennen, dass wir von vielen Seiten manipuliert werden und dass nicht alles, was man uns weiszumachen versucht, der Wahrheit entspricht. Dieser Prozess kann durch verschiedene Dinge angestoßen werden. Entweder es kommt uns unpassend vor, wenn eine öffentliche Person gestern etwas gesagt hat, von dem sie heute das Gegenteil tut. Zu solchen Entdeckungen haben wir vor allem auf dem Gebiet der Politik mehr als genug Gelegenheiten. Oder wir werden stutzig, weil uns jemand mit einer „Verschwörungstheorie“ konfrontiert, forschen nach und merken, dass es sich nicht um Theorie, sondern tatsächlich um Praxis handelt.

Vielleicht fühlen wir uns auch einfach nur unwohl in unserer Haut und spüren intuitiv, dass etwas an der Welt da draußen so nicht richtig sein kann. Wenn wir beginnen, Dinge zu hinterfragen, merken wir schnell, dass wir unsere Informationen über das Geschehen nicht ausschließlich aus den Massenmedien beziehen sollten. Wir beginnen, uns auch über alternative Quellen zu informieren und werden bald wie im Schneeballsystem weitergeleitet zu weiteren interessanten Hintergründen von Geschehnissen. Das alles kann zunächst zu Verwirrung führen, die uns jedoch auf den Pfad der Heilung leiten kann. Nach und nach öffnet sich dann für uns ein Fenster der Erkenntnis darüber, was wir doch bisher für „Schlafschafe" waren.

Dabei ist unser Gespür für Wahrheit gefragt, denn die Eliten versuchen uns auf allen Ebenen zu erreichen. Auch alternative Medien sind kein Garant für authentische Berichterstattung, ja werden häufig speziell für die Zielgruppe der Erwachenden missbraucht. Wutbürger und Spirituelle haben ihre eigenen Foren, auf denen sie sich austauschen und ihre Erwartungen werden von anderer Seite bedient. Es ist nicht immer leicht, zu unterscheiden, was uns dienlich ist und was nur auf subtilere Art und Weise manipulativ in unsere Systeme eindringen soll.

Dieser Schritt des Erkennens der Missstände im Außen ist wichtig, denn er bietet die Voraussetzung, dass wir überhaupt ein Bewusstsein dafür entwickeln, dass etwas nicht in Ordnung sein könnte an der Matrix unserer Welt. Auf dieser Grundlage vermögen wir eine Entscheidung zu treffen, wie wir mit dieser Erkenntnis umgehen sollen. Der Film *Matrix* brachte es schon 1999 auf den Punkt. Wir können uns entscheiden zwischen der blauen und der roten Pille, zwischen der Illusion der Matrix oder der Erkenntnis, was die reale Welt und das Leben in ihr wirklich bedeutet. Der Held des Filmes, Neo entscheidet sich für die zweite Variante.

Aufwachen hat aber auch noch eine andere Bedeutungsebene. Es kann bedeuten, dass wir den Käfig, der uns begrenzt, nicht nur im Außen suchen und erkennen, sondern vor allem in uns selbst. Wir sind es, die dieses Spiel seit vielen Jahrhunderten und Jahrtausenden mitgespielt haben. Wir sind diejenigen, die in der vergangenen Abstiegszeit unsere Erfahrungen in der Dualität machen wollten, mit allem, was dazu gehört also auch mit ihren negativen Ausprägungen, den diversen Masken der Angst. Sie können in Gestalt von Hass, Neid, Missgunst, Habgier, Misstrauen, Wut und Trauer daherkommen und haben uns über Äonen auf die eine oder andere Weise beherrscht. Mal als Opfer, mal als Täter haben wir diese niedrig schwingenden Emotionen bedient, haben unsere Erfahrungen in der dualen Welt gesammelt. Auf alte Seelen wartet auf dieser Ebene nichts Neues mehr.

Deshalb gehört es zum Göttlichen Plan, dass wir jetzt wieder aufwachen dürfen aus dieser Illusion, zurückkehren dürfen zur Einheit unserer Wesensanteile, die sich im Laufe der Abstiegszeit voneinander getrennt hatten. Da lagen Seele, Ego, Persönlichkeit und Unterbewusstes nicht selten miteinander im Widerstreit und haben uns das Leben zur Hölle gemacht. Heute können wir erkennen, dass wir die alten Strukturen des Herrschens und Beherrscht Werdens nicht länger zu bedienen und mitzutragen brauchen, dass wir freie Wesen sind, die ihr Leben hier auf der Erde selbstbestimmt gestalten dürfen.

Die alte Zeit – Abstiegsenergie

Die Angst muss weichen. Sie muss durch den Glauben und das feste Vertrauen in die Erfüllung des Göttlichen Plans ersetzt werden.
(Saint Germain)

Alles um uns herum ist Illusion, Maya, wie die Veden es nennen. Um diese Illusion aufrecht zu erhalten, wurde und wird viel Aufwand betrieben. Das Aufrechterhalten dient vor allem denjenigen, die durch Anhäufung von Geld und Macht davon profitieren oder dies zumindest glauben. Aufwachende und Aufgewachte stellen eine Bedrohung für diese zahlenmäßig kleine Elite dar. Deshalb gibt es jenseits dessen, was wir im ersten Teil des Buches beschrieben haben, eine zweite Stufe der Manipulation, die gezielt auf diejenigen gerichtet wird, die dem bestehenden System gefährlich werden könnten. Es sind die verschiedenen Ausprägungen der Selbstbeschränkung durch Resignation, Angst, Kampf und Sucht, die ebenfalls von den Machthabern und ihren Verbündeten gefördert werden.

Resignation

Wer die Freiheit aufgibt um Sicherheit zu gewinnen, der wird am Ende beides verlieren.
(Benjamin Franklin)

Viele von uns fühlen sich ohnmächtig, angesichts der vermeintlichen Übermacht der Gegenseite. Allein vor unserem häuslichen Fernseher oder Youtube-Kanal sitzend meinen wir nur allzu leicht, nichts ausrichten zu können gegen die Schrecken der großen Weltbühne. Wir geben uns der über viele Jahrtausende eingeübten Rolle des armen Opfers hin, ganz nach dem Motto *Es ist ja alles so furchtbar, aber gegen die da oben kommen wir kleinen Würstchen ja sowieso nicht an.*

Damit stellen wir uns selbst den Freifahrschein dafür aus, uns nicht ändern zu müssen, alles so laufen zu lassen wie bisher und in den gewohnten Mustern zu verharren. Wir merken zwar, dass wir in einem Käfig gefangen sind, doch wir arrangieren uns mit diesem Zustand. Freiheit ist für uns ein weniger erstrebenswertes Gut als Gewohnheit. Veränderung macht uns Angst, denn Neues ist mit Unsicherheit verbunden. Wir können nicht so genau wissen, was auf uns zukäme, wenn wir aus den gewohnten Mustern ausstiegen.

Meist führt das dazu, dass wir uns auf unser tägliches Leben konzentrieren mit all seinen Dramen, Belastungen und auch Freuden. Wenn die Feiertage um Weihnachten und Neujahr vorbei sind, folgt bald Karneval, Ostern, unser Jahresurlaub und sicher auch noch die ein oder andere Geburtstagsfeier. So vergeht das Leben in selbstauferlegter Gleichförmigkeit. Je nach Entwicklungsstand unseres Bewusstseins mag der Grad unserer Frustration unterschiedlich sein. Vielleicht leiden wir nicht nur unter der uns vermeintlich von außen angelegten Fessel, sondern zusätzlich noch unter unserer Mentalität des Erduldenden. Wir empfinden Scham darüber, dass wir nicht anders reagieren, nicht unsere Kraft aktivieren und gegen die Herrschenden aufbegehren oder -besser noch – an der Gestaltung von etwas Neuem, Besseren mitwirken. Diese tief sitzende Frustration und Resignation macht uns nicht selten krank.

Eine Krankheit hat das Potenzial, uns aufzurütteln, uns doch noch anders zu besinnen und unser Leben nach deren Überwindung aktiv in die Hand zu nehmen. Wenn auch das nichts hilft, entscheidet sich die Seele manchmal dazu, diese Inkarnation als nicht mehr zielführend zu beenden. Aus übergeordneter Sicht kann man es so betrachten: Wir kehren in das Ewige zurück, um vielleicht beim nächsten Mal eine ganz andere Erfahrung zu machen, bei der wir mit Energie und Engagement zum Gestalter werden.

Angst

Wenn wir die Dimension der Matrix und Manipulationsmethoden, die dem Erhalt bestehender Machtstrukturen dienen, erkannt haben, kann uns das in Angst versetzen. Wir meinen die Vorhaben der Eliten zu durchschauen und ihre Möglichkeiten, diese durchzusetzen und sind erschrocken über die Skrupellosigkeit der Mittel, dieses zu tun. Angst zu sähen ist der eigentliche Grund, weshalb wir ständig Schreckensnachrichten zu hören und zu sehen bekommen. Drastische Darstellungen davon, wozu Wesen fähig sind, um ihre Gegner zu bekämpfen.

Wenn die Schauplätze weit genug von uns entfernt liegen, mögen wir wegschauen können. Es ist menschlich, wenn unser Mitgefühl für Menschen am anderen Ende der Welt nur für die Dauer der Nachrichten anhält. Deshalb wird es ja mit einer Flut von Sondersendungen und Kommentaren, denen wir tage- und wochenlang nach dramatischen Ereignissen wie dem Einsturz der Türme des World Trade Centers in New York ausgesetzt werden, immer wieder neu genährt und geschürt.

Doch die Einschläge kommen näher. Mit dem Zustrom von Asylanten sind nicht nur hilfesuchende Familien, sondern auch gewaltbereite Extremisten zu uns gekommen. Im Jahr 2016 gab es Anschläge in Marseille, Paris und Berlin sowie sexuelle Übergriffe in Köln und anderswo. Wenn wir davon ausgehen, diese Anschläge gingen allein auf das Konto einzelner bzw. der hinter ihnen stehenden Terrororganisationen, mag uns bereits ein Gefühl der

Unsicherheit beschleichen. Doch in diesem Fall vertrauen wir vielleicht noch auf die Sicherheitskräfte unseres Landes und den Worten unserer Kanzlerin *Angst ist ein schlechter Ratgeber.* Erkennen wir die Dimensionen hinter dem Offensichtlichen, haben wir zusätzlich die möglichen Folgen dieser Ereignisse klar vor Augen. Wir nehmen wahr, dass die Anschläge als Vorwand dazu dienen, angeblich notwendige Maßnahmen zur Erhöhung der Sicherheit zu installieren. Wir fürchten uns nicht nur vor den Anschlägen selbst, sondern zusätzlich vor zunehmender Videoüberwachung in öffentlichen Räumen, vor zunehmender Polizeipräsenz in unseren Innenstädten und vor der weiteren Beschränkung unserer Presse- und Meinungsfreiheit. Offenen Auges erleben wir, was in unserer Umgebung geschieht und haben Angst vor den sich weiter zuspitzenden Zukunftsszenarien.

Diese Angst basiert auf der Annahme, die äußere Welt würde uns überrollen und wir hätten dem nichts entgegen zu setzen. Wie die Resignation, so erwächst auch diese Haltung einem Gefühl der Ohnmacht und der Neigung zum Pessimismus. Je mehr wir uns von den

Berichten über (vermeintlich) Geschehenes vereinnahmen lassen, umso eher gelangen wir in dieses Fahrwasser. Dabei spielt es nicht wirklich eine Rolle, ob es sich um die Mainstream-Nachrichten oder vermeintliche Enthüllungen von alternativer Seite handelt. Vielmehr geht es um die Haltung, mit der wir diese Dinge konsumieren und aufnehmen. Ähnlich der Reaktion des Resignierenden ist es diejenige des Opfers vor einer drohenden Gefahr.

Aus der Angst heraus entstehen unter den in diesem Sinne Erwachten nicht selten Gemeinschaften und Netzwerke, die ihr Hauptaugenmerk darauf richten, sich gegenseitig mit neuen Horrornachrichten aus der alternativen Szene zu versorgen. Neben mutigen Berichten über wahre Hintergründe, entstehen auch täglich neue Videos über vermeintliche Verschwörungen hinter dem Geschehenen. Wohl wissend, welchen Effekt sie zu erzielen vermögen, dienen diese Berichte dazu, unsere Angst weiter zu nähren. Wer seine Energie allzu sehr in diese Art von Berichterstattung steckt, läuft Gefahr, sich immer tiefer in eine Spirale des Negativen hineinziehen zu lassen.

Er bleibt gefangen in seinem inneren Käfig, der ihm vorgaukelt, nichts weiter als ein machtloser kleiner Wicht zu sein. Aus dieser Position heraus ist es schwer, sich als freier Mensch zu erleben, der sich voller Selbstliebe und Liebe gegenüber seinen Mitmenschen über das Alltägliche erhebt.

Sucht

Vielleicht möchten wir das Geschehen auch nicht wirklich an uns herankommen lassen, können es emotional nicht verkraften. Einen wirksamen Dämpfer für unser Gefühlsleben bietet uns zum Beispiel der Alkohol. Mit einigen Gläsern Bier oder Wein ist doch alles nur noch halb so schlimm und die Sachlage erscheint uns weniger dramatisch. Unsere Wahrnehmung und unser Mitgefühl aber auch unser Gefühl der Machtlosigkeit und unsere Angst schmelzen wie Butter in der Sonne dahin und weichen einer Haltung der Lethargie.

Wir dämmern vor dem Fernseher dahin und laufen vor unserer Mitverantwortung für das Geschehen im Außen und Innen davon. Selbstverständlich gibt es viele Gründe für die Entwicklung von Süchten, doch in unserem Zusammenhang ist es eine Flucht, ein nicht Mehr-Hinsehen-Müssen, eine Art Schutz vor dem Unfassbaren und Unerträglichen. Kurzfristig geht es uns besser und die Herausforderungen, denen wir uns zu stellen haben, erscheinen uns weniger dringlich.

Nicht nur Alkoholkonsum, auch Sport, Konsum, Spiel und vieles andere kann sich zur Sucht entwickeln. Gemeinsam ist den verschiedenen Erscheinungsformen, dass wir uns auf diesen Aspekt unseres Lebens fokussieren und ihm andere Bereiche unseres Lebens unterordnen. Wir begeben uns damit in eine Abhängigkeit, unterwerfen uns einem Zwang, der unser Leben beherrscht und verlieren den Blick für das Wesentliche. Eine Entwicklung, die den Eliten ausgesprochen entgegenkommt, da sie uns in unserem inneren Käfig gefangen hält. Wir alle wissen, dass es nicht einfach ist, sich von Süchten zu befreien. Dennoch können wir es schaffen, wenn wir uns ganz bewusst unserer Verantwortung uns selbst und der Welt gegenüber stellen.

Offiziell werden Süchte von den Verantwortlichen bekämpft. Auf Zigarettenschachteln werden wir darauf hingewiesen, dass Rauchen tödlich sein kann und Werbung für Alkoholika darf an bestimmten Stellen nicht mehr veröffentlicht werden. Doch gleichzeitig wird uns unterschwellig ein angenehmes Lebensgefühl versprochen. War es früher in der Marlboro-Werbung der Cowboy, der frei und selbstbestimmt durch die Prärie ritt, so ist es heute der coole Typ, dem als Mittelpunkt seines Freundeskreises allseits Bewunderung entgegengebracht wird. Das Bedürfnis nach Anerkennung und dem Gefühl des Dazu-Gehörens scheint so tief in uns verwurzelt zu sein, dass es die vermeintlichen Gefahren für unsere Gesundheit und unsere Bewusstseinsentwicklung bei weitem überwiegen kann.

Darüber hinaus ist es auch eine gute Einnahmequelle, wenn wir weiterhin Genussmittel konsumieren und schon deshalb hat niemand ein wahres Interesse daran, dass wir davon Abstand nehmen. Das trifft für die Industrien zu, die diese Genussmittel produzieren und ebenso auf die Regierungen, die sich über die daraus gewonnenen Steuereinnahmen freuen. Ganz besonders jedoch für die Eliten im Hintergrund, die davon profitieren, wenn wir unsere Aufmerksamkeit (freiwillig) auf etwas lenken, was uns zu Gefangenen unserer selbst macht.

Kampf

"Glaubst du vielleicht, du könntest die Welt und ihre Lage transformieren, wenn du sie bekämpfst und besiegst? Indem du kämpfst und siegst wirst du genauso werden, wie die Leute, die du bekämpfen willst... Nutze die Chance dieses Lebens, so viel wie möglich zu feiern. Vergeude sie nicht mit Kampf und Streit...Darin besteht der Aufstand, den ich euch lehre: Du steigst aus deiner alten Struktur aus, du steigst aus deiner alten Habgier aus, du steigst aus deinem Idealismus aus. Du wirst ein stiller, meditativer, liebender Mensch..." (Osho, erleuchteter indischer Meister und Lehrer)

Angesichts der von allen Seiten auf uns einströmenden Nachrichten, schwillt vielen von uns der Kragen, eine Metapher, die uns bereits darauf hinweist, dass wir uns in unserer Ausdrucksfähigkeit eingeschränkt sehen. Der Kragen befindet sich an unserem Kehlkopf, der in energetischer Hinsicht für unser Kommunikationszentrum, unsere Ausdrucksfähigkeit steht. Wir fühlen uns in dieser beschränkt und behindert und reagieren mit Wut gegenüber jenen, die wir für verantwortlich halten. Wir sehen die Frage von Schuld allein im Außen und schimpfen auf die „bösen" Eliten, Regierungen, Industrien, Finanzmogule und wer sonst noch an den Miseren unserer Welt beteiligt sein mag. Auch bei dieser Art der Projektion weigern wir uns, genauer hinzusehen, selbst die Verantwortung für die Geschehnisse zu übernehmen. Wir projizieren sie ganz einfach nach außen. Die anderen sind es, die uns daran hindern, uns zu entfalten und das, was wir in die Welt bringen möchten, zum Ausdruck bringen zu können, ganz nach dem Motto *Auf uns hört ja niemand, wir sind ja machtlos. Aber jetzt werden wir es ihnen schon zeigen.*

Der umgangssprachliche Ausdruck *uns schwillt der Kragen* weist auch auf gewisse Vogelarten hin, die, wenn sie Eindruck auf ihre

Gegner machen wollen, einen geschwollenen Hals bekommen. Sie plustern sich sozusagen vor ihrem Gegenüber, das sie als Gegner empfinden, auf. Übertragen auf unsere menschlichen Möglichkeiten bedeutet das, wir machen uns wichtig, organisieren Unterschriften- und Protestaktionen und Demonstrationen. All das mag richtig und nützlich sein, damit (noch) Schlafende die Chance haben, hellhörig zu werden, doch es kann auch zum Selbstläufer werden. Wie andere in ihrem Suchtverhalten, so verlieren wir uns in unserer Wut auf unseren vermeintlichen Gegner. Wir laufen Gefahr, uns in eine bestimmte Angelegenheit hinein zu verbeißen. Das engt unseren Blick ein. Wir stehen anderen Auffassungen und Schauplätzen nicht mehr offen gegenüber. Wir kennen Menschen, die sich gegen Chemtrails, gegen Gen manipulierte Nahrung, gegen den Überwachungsstaat und Mind Control engagieren, alles wichtige Teilaspekte der großen Matrix, die uns in unserem Käfig gefangen zu halten versucht.

Doch wenn wir diese bekämpfen, verfangen wir uns nur weiter in den Gitterstäben unseres Käfigs. Wir schenken den Machenschaften der

Verantwortlichen Aufmerksamkeit und Nahrung. Wir tun ihnen den Gefallen, darauf anzuspringen und ihre Vorlage zu bedienen. So geht das Spiel, aus dem wir doch eigentlich alle aussteigen wollen, einfach weiter. Mal gewinnt die eine, mal die andere Seite. Doch letztlich werden wieder diejenigen als Sieger daraus hervorgehen, die auf dieser Ebene (noch) das Zepter der Macht in Händen halten.

Gewinnen können wir nur, wenn wir eine andere Haltung einnehmen, wenn wir die Dinge von einer höheren Warte aus betrachten, uns nicht in das Spiel hineinziehen lassen, sondern uns in die Position des Beobachters begeben. Dann werden wir des großen Bildes gewahr, erkennen Zusammenhänge und Verstrickungen und unseren eigenen Beitrag, den wir zur Entstehung der Welt, wie sie sich uns heute präsentiert, geleistet haben.

Die neue Zeit – Aufstiegsenergie

Der Gütige ist frei auch wenn er ein Sklave ist. Der Böse ist ein Sklave, auch wenn er ein König ist. (Augustinus Aurelius)

Friede auf der Erde, Friede im Universum, beginnt in, mit und bei dir. (Sanat Kumara)

Der innere Käfig

Was ist das für ein Käfig, den wir da sprengen möchten? Ja, es ist jener Käfig, der beschrieben wurde, der Käfig, den die Mächtigen in allen Lebensbereichen um uns herum gebaut haben, um uns unfrei zu machen und daran zu hindern, dass wir unsere Potenziale entfalten können.

Viel mehr jedoch ist es sein Pendant in unserem Inneren. Ohne dieses wäre der äußere Käfig gar nicht vorhanden. Jahrtausende lang wollten wir in der Tiefe der Dualität unsere Erfahrungen machen, haben uns als ursprünglich göttliche Geistwesen in verschiedene Wesensanteile aufgegliedert, haben uns beherrschen lassen und selbst geherrscht, haben andere manipuliert und sind bei anderer Gelegenheit von ihnen manipuliert worden. Jetzt haben wir alle Erfahrungen hinter uns, wir sind durch.

Heute besteht die Möglichkeit heimzukehren, von der Dualität zurück in die Einheit. Die uns nachfolgenden Generationen werden bereits frei von Karma geboren, frei von Anhaftungen, Abhängigkeiten und Manipulationen. Seit Frühjahr 2016 ist dies bereits in bestimmten Gebieten der Welt der Fall. Dies sind die Kerngebiete Europas, Amerika und Australien. Es besteht ein unmittelbarer Zusammenhang mit dem Erdmagnetfeld, das sich in den genannten Regionen bereits erheblich abgeschwächt hat. Der Befreiungsprozess, der zukünftig dort Geborenen wird leichter verlaufen als der von uns heute Erwachsenen. Wie schnell dieser Prozess für die Menschheit insgesamt voranschreitet, hängt von uns Heutigen ab.

Wir haben gewählt, in dieser großartigen Zeit des Wandels und des Übergangs zu leben.

Wenn wir wollen und den Ruf in uns verspüren, können wir Vorreiter sein für die, die uns folgen. Den meisten von uns haften noch Reste von Karma, Anhaftungen und Generationenlasten an. Doch es gibt Möglichkeiten, uns dessen gewahr zu werden, ihnen nachzuspüren und uns ihrer zu entledigen. Letztlich können wir uns aus eigener Kraft daraus befreien. Wenn wir uns aktiv für diesen Weg entscheiden, können wir den Vorgang der Bewusstseinserweiterung und des Aufstiegs beschleunigen. In vielen Fällen leben wir heute noch aus alter Gewohnheit weiter wie bisher, halten uns an Reglementierungen, die man uns übergestülpt hat, nur weil wir es in der Vergangenheit so kennengelernt haben.

Doch heute ist das nicht mehr nötig. Viele von uns sind an dem Punkt angelangt, wo sie sich ihres inneren Käfigs gewahr werden. Wir spüren, dass seine Eisenstreben rostig und morsch geworden sind. Wir brauchen kein Dynamit mehr, um ihn zu sprengen. In der neuen viel leichter gewordenen Zeit reicht es aus, sich eine Weile ruhig darin aufzuhalten, in sich hinein zu spüren, alte Dunkelanteile unserer Selbst anzunehmen und aufzulösen und dann zu entscheiden, ob wir den Käfig verlassen wollen, frei und selbstbestimmt. Wenn wir den ersten Schritt tun, die Gittertür ein wenig öffnen, um hinaustreten zu können, wird diese vielleicht ein wenig quietschen und knarren, denn sie ist in die Jahre gekommen. Vielleicht hakt sie auch, doch sie wird uns keinen nennenswerten Widerstand mehr entgegensetzen. Wenn wir wirklich bereit dafür sind und uns nicht von diesem Quietschen und Haken entmutigen lassen, wird sie sich öffnen lassen, um uns frei zu geben. Dann treten wir in jenen Raum ein, den wir uns selbst erschaffen dürfen.

Dort draußen in der äußeren Welt mag geschehen, was will, es geht uns nichts mehr an. Wir wissen, dass wir ewige Lichtwesen sind, unantastbar und frei, wenn wir uns für diesen Weg entscheiden. Wir wählen aus der Fülle der Möglichkeiten, jene aus, die uns genau diese Realität bescheren. Daneben gibt es auch noch die andere Wirklichkeit, die der Kriege und des Terrors, die der Entbehrungen und des Elends, die der Versklavung und Unterdrückung, Doch wir spielen bei diesem Spiel nicht mehr mit. All die Bilder und Szenen des

Schreckens vermögen uns nicht mehr zu erreichen. Wir leben in jener Welt, die es eben auch gibt, die des Friedens und der Liebe. Vereinfachen können wir uns diese Wahl, indem wir uns von den Bildern der Schreckensszenerien fernhalten, indem wir den Fernseher einfach auslassen und den im zweiten Teil dieses Buches geschilderten Machenschaften der Eliten schlicht keine Beachtung mehr schenken. So geraten wir nicht in Gefahr, unsere Aufmerksamkeit wieder auf das Negative in der Welt zu richten und es damit in uns zu nähren. So fällt es uns zumindest zu Beginn unseres Weges leichter, uns nicht länger in Angst versetzten zu lassen.

Später, wenn wir innerlich gefestigt sind und gelernt haben, bei uns selbst zu bleiben, können wir ab und an wieder einmal einen Blick riskieren in die Welt der Massenmedien. Wir werden erstaunt sein, wie wenig das Gezeigte dann noch mit unserer eigenen Realität zu tun hat. Durch die inzwischen gewonnene Distanz, fallen uns Ungereimtheiten viel schneller auf, unmittelbar erkennen wir die Absicht bestimmter Berichte und Nachrichten und wundern uns über uns selbst und darüber, dass es in unserem Leben eine Zeit gab, in der wir diese mehr oder weniger kritiklos konsumiert haben.

Diese Verhaltensweise setzt unsere bewusste Entscheidung voraus. Sie erfordert die Weisheit, nicht über jedes Thema, das gerade in der Öffentlichkeit diskutiert wird, mitreden zu können und zu wollen, schlichtweg, weil wir einfach nicht jeden Wimpernschlag des Weltgeschehens mehr mitbekommen und nachverfolgen. Wenn wir aufgefordert werden, Stellung zu beziehen, dürfen wir auch einmal mit den Schultern zucken und gerade heraus verlauten lassen, dass wir davon nichts wissen und auch nichts wissen wollen. Unsere Mitmenschen werden sich vielleicht zunächst über unsere vermeintliche Gleichgültigkeit wundern, doch einige werden bald merken, dass diese Haltung zum Wohlbefinden beiträgt und es uns gleichtun. Die anderen mögen voller Unverständnis ihren Kopf darüber schütteln, doch was schert uns das noch? Wir sind nicht (mehr) von ihren Meinungen über uns, ihren Urteilen und ihren Verurteilungen abhängig. Wir sind frei!

Wir sind Licht- und Schöpferwesen

Zu allen Zeiten haben einzelne Menschen das Wissen darüber bewahrt, dass wir Menschen von unserem Ursprung her Lichtwesen sind. Jesus Christus und Buddha sind großartige Beispiele dafür. Sie und andere Meister haben versucht, uns wieder mit unserer eigenen Göttlichkeit in Kontakt zu bringen. Joshua, wie sein richtiger Name lautet, konnte, so steht es in der Bibel, Blinde sehend und Lahme wieder mobil machen. Für ihn waren diese Schöpferkräfte selbstverständlich und er ermutigte seine Mitmenschen, es ihm gleich zu tun als er seinen Jüngern gegenüber anmerkte *Vertraut Gott! Zweifelt nicht an seinen Möglichkeiten! Dann könnt auch ihr, was ich kann und noch viel mehr (Johannes 14,12)* Es ist also eine Frage des Glaubens an Gott oder an die göttliche Kraft, die in uns und durch uns wirkt. Allein davon hängt es ab, was wir in der und für die Welt erschaffen können. Das betrifft zunächst einmal die Schöpfungen, die wir in unser eigenes Leben bringen möchten. Der Buddha drückt es so aus: *Wir sind das, was wir denken. Alles was wir sind, entsteht mit unseren Ge-*

danken. Mit unseren Gedanken erschaffen wir die Welt. Sprich und handle mit reiner Gesinnung. Und Glück wird dir folgen wie dein unteilbarer Schatten. (2. Vers)

Schon damals war es nicht erwünscht, diese Weisheiten zu verbreiten. Denn sie warfen kein gutes Licht auf die Herrschenden, ja machte die Kaste der Priester schlichtweg überflüssig. Joshua bezeichnete Pharisäer, die offiziell als rechtgläubig galten, als Heuchler, und wie wir wissen, ist ihm das als erdenmenschlichem Wesen nicht gut bekommen. Auf der anderen Seite wird in der Bibel berichtet, dass diejenigen, die sich trauen, die Wahrheit zu sagen, in das Himmelreich eingehen. Diese Aussage können wir so interpretieren, dass wir, wenn wir offen und klar zu dem stehen, was wir als Wahrheit erkannt haben, uns von den äußeren und inneren Fesseln lösen und befreien können. Letztlich sind wir nur noch uns selbst gegenüber verantwortlich, dürfen frei, voller Freude und liebevoll leben.

Mit Wahrheit ist hier nicht eine bestimmte Meinung oder Ansicht über bestimmte Themen gemeint, sondern das, was wir in unserem Inneren als wahr erspüren und erkennen.

Es ist nicht die relative, vom Zeitgeist beeinflusste, sondern die in uns wohnende, absolute und ewige Wahrheit. Je mehr Vertrauen wir in unsere Wahrnehmung und Intuition gewinnen, umso sicherer werden wir darin, diese Wahrheit zu finden. Wir spüren ganz einfach, ob das, was ein Mensch verkörpert, authentisch ist, ob er reinen Herzens für eine Sache eintritt oder ob er - wie es zu Zeiten Jesu die Pharisäer getan haben - nach außen hin einen gewissen Eindruck erwecken möchte, von dem er sich einen Vorteil verspricht.

Wie in jeder anderen so gab es auch in unserer christlichen Tradition Mystiker, die darum wussten, dass Gott kein Wesen im außen ist, dem wir Untertan gemacht werden und dem wir gehorchen müssen, um es gnädig zu stimmen. So aber lehrten und lehren es uns die offiziellen Kirchen und Religionsgemeinschaften. Sie hoffen, uns so zu ihren folgsamen Schäfchen machen zu können, die sich auf äußere Rituale und die Befolgung von Vorschriften konzentrieren und dabei ihre eigene Göttlichkeit aus den Augen verlieren. Zeitweise galt es sogar als Blasphemie, Häresie oder Ketzertum, wenn sich bewusste Menschen in die Richtung äußerten, dass es darauf ankäme, dass Göttliche in uns selbst zu finden. Nicht nur im Mittelalter wurden sie verfolgt und auf bestialische Weise gefoltert und zu Tode gerichtet.

In den Zeiten, in denen die Menschheit als Ganzes ausschließlich in der dichten physischen Materie lebte, waren diese Reaktionen der Machthaber folgerichtig. Es durfte nicht sein, dass einzelne ihre Ordnung störten und durcheinanderbrachten. Das entsprach weder ihrem noch dem übergeordneten Plan. Die Menschheit wollte den Weg in die tiefsten Abgründe der Dualität beschreiten, um in dieser Energie ihre Erfahrungen zu sammeln. Nur auf dieser Grundlage ist der jetzt anstehende Entwicklungsschritt möglich.

Heute geht es nicht mehr um einzelne Meister, sondern um eine große Anzahl von Menschen, die den Weg des Erwachens beschritten haben und noch beschreiten werden. Der vietnamesische Mönch, Schriftsteller und Lyriker Thich Nhat Hanh drückte es so aus: *Der neue Buddha ist eine community. Die Grundbedingung für eine solche erstrebenswerte Community ist der Einzelne, der in sich das Neue aktiviert hat, darum weiß und sich trainiert, sein tägliches Handeln mit dem Neuen zu durchtränken.*

Aufstieg - was ist das?

Häufig wurde und wird der Begriff Aufstieg von der spirituellen Szene benutzt und dabei unterschiedlich verwendet. Es wird von dem einen gigantische Ereignis gesprochen, bei dem außerirdische Zivilisationen sich der Menschheit gegenüber offenbaren, sie gar mit Raumschiffen aus ihrer irdischen Misere erretten. Wir hören von der galaktischen Föderation und von drei Tagen absoluter Finsternis, die mit dem großen Wandel einhergehen sollen. Wir lesen von völlig neuen Wahrnehmungsmöglichkeiten, die wir von heute auf morgen erlangen würden und vom Paradies, das in der fünften Dimension für uns bereitstünde. Wir werden überhäuft mit Channelings von aufgestiegenen Meistern, Erzengeln und Sternengeschwistern. Um das Datum 21.12.2012 gab es selbst in den Massenmedien einen regelrechten Hype. Es wurden Weltuntergangsszenarien entworfen und diverse Spekulationen veröffentlicht, wie sich die Welt wohl danach entwickeln würde. Halbwahrheiten über den Tzolkien, den berühmten Mayakalender kursierten, der bereits vor langer Zeit das Ende gleich mehrerer kosmischer Zyklen vorausgesagt hatte. Nach dem entscheidenden Datum wurde dann oft ernüchtert festgestellt, dass sich ja offensichtlich nichts geändert habe und sich die Welt wie immer weiterdrehe.

Hier ist mit Aufstieg die Entwicklung jedes einzelnen Menschen und der Menschheit als Ganzem im Sinne der Aussage von Thich Nhat Hanh gemeint. Es geht nicht um eine Veränderung, die uns von außen und ohne jegliche Eigeninitiative und -verantwortung beschert wird, die quasi zur Errettung der Menschheit vom Himmel fiele. Es geht um eine Veränderung, eine Bewusstseinserweiterung und ein Wachstum in unserem Inneren und aus uns selbst heraus. Es geht darum, uns daran zu erinnern, wer wir wirklich sind und darum, zu lernen, wie wir mit dieser Erkenntnis in unserem ganz normalen, erdenmenschlichen Alltagsleben umgehen können. Wie wir sie in unsere Beziehungen, unser Berufsleben und unser Freizeitverhalten integrieren können. Und vor allem geht es darum, uns gewahr zu werden, wie machtvoll wir Menschen in Wahrheit sind.

Dabei spielt das genannte Datum um den 21.12.2012 durchaus eine bedeutsame Rolle. Auch, wenn wir es vielleicht nicht sofort gemerkt haben, markiert es einen entscheidenden Wendepunkt in der Entwicklungsgeschichte der Menschheit. Bis zu diesem Zeitpunkt waren die Erde und alle auf ihr lebenden Wesen kosmischen Abstiegsenergien ausgesetzt, wenn auch in den letzten Jahrzehnten vor dem Wendedatum mit deutlich nachlassender Dynamik. Diese Abstiegsenergie hat uns in die tiefsten Abgründe der Dualität geführt, hat uns von unseren Mitgeschöpfen und vor allem von uns selbst entfernt und entzweit. Unser Wesen hat sich während der Abstiegsphase aufgespalten in Anteile, die wir heute als unsere feinstofflichen Bewusstseinsebenen, unser Unterbewusstsein, unsere Persönlichkeit, unser Ego, unsere Seele, unser höheres und göttliches Selbst wahrnehmen können. Bis heute identifizieren sich die meisten

Menschen mit jenen Bewusstseinen ihres Selbst, die wir im Physischen Körper einschließlich Ätherkörper, im Astral- und im Mentalkörper finden und haben den Zugang zu ihren höheren Anteilen noch nicht wiedergefunden.

Unsere Wesensanteile bis zum Ego, das bei den meisten Menschen auf der höheren Mentalebene wirkt, hatten den Auftrag, uns bei unserem Abstieg zu unterstützen und haben ihre Aufgabe wahrlich hervorragend erfüllt. Zu der über all diesen Wesensanteilen stehenden höchsten Institution, die es auf individueller Ebene gibt, hatten wir bis vor einigen Jahrzehnten überhaupt noch keinen Zugang. Heute bezeichnen wir sie als *Höchsten Ursprung* und können uns jederzeit mit ihr verbinden. Je öfter wir dies üben und auch in unserem Alltag praktizieren, umso selbstverständlicher erscheint uns dieser Zustand und umso mehr nähern sich die Bewusstseine unserer übrigen Wesensanteile demjenigen unseres *Höchsten Ursprungs* an.

Eine wirkungsvolle Meditation zur Unterstützung dieses Vorhabens finden Sie im Anhang dieses Buches.

Und das ist das wirklich bisher Einmalige und absolut Neue in unserem gesamten Universum: wir dürfen jetzt aufsteigen mitsamt unserer Persönlichkeit und unserem Ego. Die Meister, die diesen Weg zu Zeiten des Abstiegs beschritten haben, waren bemüht, sich ihres Egos und ihrer Persönlichkeit zu entledigen. Das war ein langer, steiniger Weg, der mit vielen Entbehrungen verbunden war. Sie fasteten, meditierten und zogen sich in die Einsamkeit zurück.

Ganz ohne Einsatz geht es auch heute nicht, doch der Aufstieg ist jetzt mit der Unterstützung der Aufstiegsenergie sehr viel müheloser geworden. Die Aufstiegsenergie ist jene Frequenz, die von der Urzentralsonne unseres Universums ausgeht und nun seit Ende 2012 auf die Erde und alle ihre Bewohner einströmt. Sie unterstützt uns dabei, dass in unserem Leben nicht mehr Mühsal, Arbeit und Leistung im Vordergrund stehen, sondern, dass wir unseren Alltag voller Freude und Leichtigkeit erleben dürfen. Zu Zeiten des Abstiegs war es ausgesprochen schwierig, sich von Anhaftungen, Konditionierungen und Generationenlasten zu befreien. Wer dies in seinem Leben gezielt angehen wollte, hat vielleicht Rückführungen oder psychotherapeutische Sitzungen besucht. Häufig war das Ziel, in Gesprächen oder Behandlungen, frühere Erlebnisse aus den Tiefen des Unterbewusstseins hervor zu holen und nicht selten sogar nochmals leidvoll zu durchleben. Dadurch sollten uns Ursachen für Erlebtes bewusst gemachen und aufgelöst werden. Heute ist diese Vorgehensweise nicht mehr notwendig. Wir müssen nicht wissen, geschweige denn erneut durchleben, was zu Schocks, Blockaden und Hemmnissen in unseren Systemen geführt haben mag. Traumata, Gelübde, Dogmen oder Glaubenssätze, was immer uns an unserer freien Entfaltung gehindert hat, können einfach ausfindig gemacht und aufgelöst werden, meist eine einmalige Aktion mit starker Wirkung, die den Rest unseres Lebens anhält. Befreit von den Lasten der Menschheitsgeschichte können wir lernen, unser Herz dauerhaft zu öffnen und anderen Menschen statt mit Angst und Misstrauen mit Offenheit und Freude zu begegnen.

Trotz des oben beschriebenen Erwachensprozesses, gibt es bisher erst wenige Menschen, die sich bewusst und aktiv mit ihrem eigenen Aufstieg beschäftigen. Diese leben fast ausnahmslos in Europa, Amerika und Australien, dort, wo die Lebensumstände vergleichsweise komfortabel sind und das Magnetfeld der Erde deutlich schwächer geworden ist.

Wie wir von Astronauten und Kosmonauten wissen, ist es dem Menschen normalerweise nicht zuträglich, wenn er sich für längere Zeit von dem für seinen Organismus gewohnten Magnetfeld entfernt. Einige der Weltraumfahrenden erkrankten an Symptomen wie Übelkeit, Erbrechen und Rückgang der roten Blutkörperchen. In Russland erkannte man das Problem und fand heraus, wie man den mangelnden magnetischen Kontakt der Kosmonauten im Weltraum ausgleichen kann. Es funktioniert über die Stärkung des größten und kraftvollsten Magnetfeldes im menschlichen System, dem Herzen. Wissenschaftlich erwiesen ist, dass dieses Kraftfeld bis zu 5000 Mal stärker ausgeprägt sein kann als dasjenige unseres Gehirns. Seither unterziehen sich Kosmonauten vor einem Weltraumeinsatz einem schamanischen Geistestraining zur Stärkung ihres Selbst-Bewusstseins. So erhalten sie ein gestärktes eigenes Magnetfeld während ihres Einsatzes zur Vermeidung der Weltraumkrankheit, welches sie darin unterstützt, zentriert in ihrer Mitte zu bleiben.

Zudem gilt unser Herz in den christlich geprägten Teilen unserer Welt als Ausgangspunkt unserer spirituellen Entwicklung, als Sitz des Christusbewusstseins. Metaphorisch werden die Aussagen der Bibel als Transmutation Christi interpretiert, die sich in drei Ebenen vollziehe, der Taufe als Symbol für Bewusstsein, der Seele als Metapher für Hingabe und des Körpers stellvertretend für die Verklärung. Rosenkreuzer sprechen von der *Kundalini des Herzens*. Wenn die Energie erwache, trete der Mensch in den Zustand des Nicht-Gebundenseins, des Nicht-Reagierens und der Hingabe. Aus dem Ego entwickle sich nach und nach ein höheres Seelenselbst, dass uns die göttliche Einheitserfahrung ermögliche.

Über unser Herz bekommen wir den Zugang zu allen Dimensionen unseres Seins. Ein kleiner Punkt in der Mitte unserer Brust scheint das Tor zu einem ganzen Universum zu sein, ein Umstand, den wir zugegebenermaßen mit unserem Verstand kaum fassen können. Der deutsch-iranische Mediziner Dr. Otoman Zar Aducht Hanish entdeckte 1920 die fünfte Herzkammer und in ihr die Darstellung eines geschlechtslosen und alterslosen menschlichen Wesens, als er eine millionenfache Vergrößerung dieses kleinen Punktes anfertigen ließ.

So kommt unserem Herzen also eine ganz besondere Schlüsselstellung in unserem Aufstiegsprozess zu. In der Aufstiegszeit erleben wir die Öffnung dieses einzigartigen Organs. Wenn dies vollständig und dauerhaft geschieht, kommen wir augenblicklich in unsere volle Kraft und erfahren unsere eigene Göttlichkeit. In diesem Moment gibt es keinerlei Beschränkungen mehr für uns, weder im Inneren noch durch irgendwelche äußeren Manipulationsversuche. Dann kommt der Mensch in seine Schöpferkraft, ist sich seiner selbst und seiner wunderbaren Fähigkeiten voll bewusst. Dass dies geschehen wird, ist längst auf den höheren Dimensionsebenen entschieden und nicht mehr aufzuhalten. Allein wie schnell es gehen wird, ist noch unklar. Nicht zuletzt liegt das Tempo dieser Entwicklung an der Intensität unserer eigenen Aufstiegsaktivitäten auf der Erde.

Die Aufstiegsenergie funktioniert über Skalarwellen. Das bedeutet wir sind Sender und Empfänger der Energien zugleich. Wenn wir diese Energien nach dem Empfang verstärken, senden wir sie auch verstärkt ins Universum zurück. Je mehr wir werden, die dies bewusst tun und je intensiver wir es tun, umso schneller funktioniert der Prozess für die Menschheit als Ganzes.

Erinnern wir uns an die Ausführungen in Kapitel 1 und 2 dieses Buches! Die heutigen Machthaber ahnen oder wissen bereits, dass sie das Spiel längst verloren haben. Die Vorzeichen sind nicht mehr umzukehren, die Würfel für die Entwicklung dieses Planeten sind gefallen. Deshalb ziehen sie alle Register und agieren mit allen Mitteln und auf allen Ebenen gegen uns mit dem Ziel, uns so lange wie möglich davon abzuhalten, in unsere volle Kraft zu gelangen. All die oben beschriebenen Methoden, Angst zu erzeugen und unter den Menschen zu verbreiten, dienen diesem einen Zweck, uns den Weg zurück in unser Herz und in die Einheit unserer selbst so beschwerlich wie möglich zu gestalten. Denn diese Rückkehr zur Einheit bedeutet gleichzeitig das Ende ihrer Herrschaft.

Und wer was dagegen hat...

Wer sind nun eigentlich die sogenannten Eliten, von denen bereits so häufig zu lesen war? Der Begriff wird hier im Zusammenhang mit der Benennung der Mächtigen hinter den Kulissen benutzt. Nicht gemeint ist jene Bildungselite, die Ausnahmeschulen, Colleges oder Hochschulen besucht. Nicht die Elite des Geistes sondern die Profiteure des Reichtums und der Machtstrukturen werden hier angesprochen. Allerdings kann dies durchaus deckungsgleich sein, denn nicht selten hängt es viel eher von unseren finanziellen als von unseren intellektuellen Möglichkeiten ab, welche Bildung wir genießen dürfen.

Eine kritische Bildungselite im Sinne der früheren Intellektuellen, zu der sich Dichter, Künstler, Philosophen, Musik- und Theaterschaffende und durchaus auch Journalisten zählten, gibt es kaum mehr bzw. wird sie kaum noch von der Öffentlichkeit wahrgenommen. Die breite Palette an schöngeistiger Literatur ist lange schon aus den Bibliotheken und Buchhandlungen verschwunden und hat jenen Bestsellern Platz gemacht, die im Sinne des Mainstreams im großen Stil vermarktet werden. Das mag man beklagen, doch die Intellektuellen im beschriebenen Sinn waren oft Meister im Spalten und Trennen. Mit sprachlichen Haarspaltereien nahmen sie gern die Machenschaften der Machthaber aufs Korn und verbal auseinander. Sicher haben sie damit in Zeiten des Abstiegs eine wichtige Rolle in der Gesellschaft übernommen, haben hingewiesen auf Missstände, Ungerechtigkeiten aufgezeigt und somit bewusst gemacht. Doch vielleicht ist diese Taktik in Zeiten des Strebens zur Einheit nicht mehr so angebracht. Letztlich bediente sie sich derselben Mittel wie diejenigen, an deren Treiben diese Intellektuellen sich rieben und aus denen sie ihre Inspirationen schöpften.

Die in diesem Buch angesprochenen Eliten bekleiden hohe Ämter der Hochfinanz, der

Chemie-, Waffen- und Cyberindustrie, in den Organisationen der Religionsgemeinschaften und in den Königshäusern. Politische Machthaber dienen dagegen eher als Marionetten dieser Mächte im Hintergrund und setzen das ins Tagesgeschäft um, was in den hohen Kreisen ersonnen wird. Sie schaffen die gesetzlichen Voraussetzungen und bereiten die Bevölkerung auf im Hintergrund geplante Ereignisse vor. Dies geschieht über politische Reden, öffentliche Diskussionen, Berichte, Nachrichten und Meinungsäußerungen in den Medien sowie über Filme und Bücher.

Uns allen bekannt ist der jährlich stattfindende G8 bzw. G7-Gipfel, bei dem sich die politischen „Machthaber" der nun wieder sieben (Russland wurde 2014 wieder ausgeschlossen) größten Industrienationen treffen und über scheinbar Wichtiges beraten. Tagelang hören wir davon in den Medien und sind geneigt zu glauben, dass dort das Weltgeschehen in die entscheidenden Bahnen gelenkt werde. Doch dies trifft keinesfalls zu. Vielmehr handelt es sich weitestgehend um eine Alibiveranstaltung, die uns von den eigentlich wichtigen Gipfeltagungen im Hintergrund ablenken soll. Dies ist z. B. das ebenfalls jährlich stattfindende Treffen der Bilderberger, das weitgehend im Geheimen stattfindet bzw. stattfand. Erstmals 2016 zollte man ihm eine gewisse öffentliche Beachtung, da es inmitten der Dresdner Innenstadt im Taschenbergpalais quasi vor den Augen der Öffentlichkeit abgehalten wurde. Bis dahin hatte man meist eher abgelegene Tagungsstätten gewählt. Doch selbst 2016 wurde vergleichsweise wenig über diesen Gipfel berichtet. Auf dieser Veranstaltung treffen sich genau jene Eliten, von denen hier die Rede ist und legen die Richtung fest, in die sich die Welt in Zukunft bewegen soll.

Jedoch sollten wir uns nicht der Illusion hingeben, dass wir mit dieser Erkenntnis schon alle Ebenen der Wahrheit durchdrungen hätten. Es mag sich um den äußeren von zahlreichen Vorhängen handeln, hinter den wir einen kurzen Blick gewagt haben. Er offenbart uns lediglich einen Teil der Wirklichkeit. Dieser bezieht sich ausschließlich auf die für uns wahrnehmbare dreidimensionale Ebene, die Ebene der dichten physischen Welt. In Wahrheit ist das Leben viel komplexer und es gibt zahlreiche Dimensionsebenen, die sich der

Wahrnehmung der meisten Menschen zurzeit noch entziehen. Hellsichtige mögen bereits heute Zugang hinter weitere Vorgänge erhalten, doch auch ihre Wahrnehmungsfähigkeit endet an einem bestimmten Punkt. Das, was nun folgt, ist von der höchsten uns Menschen bisher zugänglichen Dimensionsebene abgerufen, doch es erhebt nicht den Anspruch auf die voll umfängliche Wahrheit aller denkbaren Ebenen. Dennoch wird dieses bisher nur sehr wenigen Menschen zugängliche Wissen an dieser Stelle offenbart, um einer breiteren Öffentlichkeit Hinweise auf die Vielschichtigkeit der Dimensionsebenen zu eröffnen. Wir Menschen sind Teil der kosmischen Evolution und wir haben uns auf den Weg begeben, nun einen neuen Ring der Kraft zu betreten. Jeder von uns steht dabei zu einem bestimmten Zeitpunkt an einem bestimmten Punkt der Erkenntnis. So mag das jetzt folgende für den Einen oder die Andere heute noch fremd und abgehoben klingen. Diejenigen, für die das zutrifft, können die folgenden Zeilen dieses Kapitels wie eine Sience-Fiktion-Darstellung betrachten und sie vorerst im Reich des Fantastischen ansiedeln. Wir leben in einer sich rasant verändernden Zeit, in der auch unsere

Wahrnehmung einem schnellen Wandel unterliegt. So kann es sein, dass wir heute noch für Fantastisch Gehaltenes morgen schon zu unserem eigenen Erfahrungsschatz zählen.

Die zum Beispiel bei einem Bilderbergertreffen Anwesenden sind Menschen. In der Regel werden sie von Wesen geführt, die den für uns unsichtbaren Welten angehören. Diese besetzen die diskutierenden Persönlichkeiten ganz oder teilweise und führen sie zu den für sie vorteilhaften Beschlüssen. In vielen Fällen ist den betroffenen Menschen der Tatbestand ihrer Besetzung nicht einmal bewusst. Sie befinden sich vielmehr in der Illusion, selbst die Drahtzieher ihrer Entscheidungen und Handlungen zu sein. Die Besetzung führt dazu, dass sie ohne jegliches Mitgefühl handeln, sprich ausschließlich ihre eigenen Ziele verfolgen, unabhängig davon, was dies für einzelne Menschengruppen, Völker oder die gesamte Menschheit bedeuten mag. Das Empfinden von Mitgefühl ist eine zutiefst menschliche Eigenschaft und Fähigkeit, die jeder Mensch natürlicherweise in sich trägt. Gänzlich unterdrückt werden kann sie nur durch die Übernahme der betroffenen Person durch diese außerirdischen Wesen, die der Rasse der Alpha Drakonia, kurz Reptos genannt, angehören. Diese Wesenheiten zeichnen sich dadurch aus, dass ihnen die drei unteren Chakren fehlen, was u. a. dazu führt, dass sie keine Gefühle empfinden können. Auch sie handeln in der Regel nicht selbstständig, sondern sind ihrerseits Erfüllungsgehilfen einer dahinterstehenden noch größeren Macht. Dabei handelt es sich um vergleichsweise wenige, als Enetels bezeichnete Wesenheiten, die sich zurzeit aus Ermangelung eines eigenen Planeten auf der Erde befinden. Es gibt nur wenige von Ihnen (1.350 Einzelwesen), doch sie verfügen über eine hohe Intelligenz und bedienen sich höchstwirksamer technischer Mittel sowie der Unterstützung der genannten Reptos.

Zur Aufrechterhaltung des Unterdrückungsapparats existiert eine Pyramide der Macht. Sie zeichnet sich dadurch aus, dass die Basis breit aufgestellt ist und die Anzahl der Wesen mit zunehmender Anzahl der Stockwerke immer geringer wird. Befinden sich auf der untersten Ebene der Pyramide noch sehr viele, so dünnt sich das Bauwerk nach oben hin von Stufe zu Stufe aus, bis auf der obersten

Etage nur noch eine Wesenheit höchsten Ranges übrigbleibt. Diese vereinigt alle Macht auf Erden in sich, allerdings nur so lange, wie sie durch die unteren Etagen gestützt wird. Brechen hier entscheidende Bausteine weg, so gerät das Konstrukt ins Wanken. Das gilt auch und gerade für die Basis, die unterste Ebene. Wenn dort ein oder nur wenige Bausteine ausfallen, bedeutet dies noch keine Gefahr für das Gesamtgebäude. Fallen jedoch viele zugleich aus, kann das beschriebene Konstrukt nicht mehr aufrechterhalten werden. Bezogen auf unsere Thematik bedeutet das: Erkennen die das Fundament Bildenden in ausreichender Anzahl ihre eigene Kraft und steigen aus dem Geschehen aus, hängen die oberen Etagen buchstäblich in der Luft. Deshalb ist es für sie überlebenswichtig, die Basis stabil zu halten.

Wir sind die unten Stehenden. Und wir sind mehr und mehr dabei, uns unserer Position bewusst zu werden, zu erkennen, dass wir uns auf Sklavenebene befinden und uns gleichzeitig gewahr zu werden, dass wir unsere Macht als die großartigen Geistwesen, die wir in Wahrheit sind, jederzeit wahrnehmen dürfen. Nun gilt es, diesen Schritt auch wirklich zu wagen, ihn in die Tat umzusetzen und zu vollkommener Bewusstheit zu gelangen. Viele von uns sind noch unentschlossen, diesen letzten entscheidenden Schritt zu gehen. Dieses Zögern bedeutet eine Chance für die Darüberstehenden, ihre Position noch für eine Weile zu halten. Deshalb ziehen sie alle Register, versuchen uns davon zu überzeugen, wie gut es uns doch auf unserer Basisebene gehe und dass wir eh keine andere Chance hätten als in unserer Position zu verharren. Die dazu eingesetzten Mittel haben wir bereits hinreichend betrachtet. Mit allen beschriebenen Maßnahmen geht es ihnen um die Schwächung unserer Erkenntnisfähigkeit und unserer Kraft. Wir sollen weiterhin funktionieren ohne aufzumucken und das Gebäude ihrer Macht stützen.

Solange unsere Ausbruchsversuche aus der untersten Reihe der Pyramide sich auf der dichten physischen Ebene abspielen, sind wir von den darüber Stehenden unter Kontrolle zu halten. Wir können auf Schritt und Tritt überwacht, kontrolliert und offen daran gehindert werden, bestimmte Maßnahmen zu ergreifen. Uns werden rechtliche, verwaltungstechnische, medizinische und ernährungstechnische

Hürden in den Weg gestellt, um unsere Vorhaben im Keim zu ersticken.

In dem Moment aber, in dem wir daran arbeiten, uns innerlich zu stärken und in ein neues Bewusstsein hinein zu wachsen, wird es deutlich schwieriger für diejenigen, die uns daran hindern möchten, uns unserer Macht gewahr zu werden. Was in unserem Inneren vor sich geht, so mögen wir denken, entzieht sich der Aufmerksamkeit der Eliten. Sie mögen unsere Smartphones und unseren E-Mail-Verkehr kontrollieren, doch unser Innenleben gehört uns allein, so denken wir. Doch dem ist nicht ganz so! Bedingt durch ihre Zusammenarbeit mit den außerirdischen multidimensionalen Reptos und Enetels können sie grundsätzlich auch unsere feinstofflichen Anteile kontrollieren, unseren Astral-, Mental- und Kausalkörper und unseren gesamten Lichtkörper. Im Hinblick auf die Vermeidung von Veränderungen der bestehenden Machtstrukturen haben die außerirdischen Wesen ähnliche Interessenslagen wie die dunklen bzw. verdunkelten Menschen, denn auch sie möchten Ihre Rollen auf der Erde verteidigen.

Menschen, die sich auf den spirituellen Weg begeben, sind sich ihrer Großartigkeit bewusst und streben an, in ihre volle Schöpferkraft zu gelangen. Wenn ihr Lichtkörper vollkommen entwickelt und zu 100 Prozent aktiv ist, leben sie ohne Angst und andere begrenzenden Gefühle und Anhaftungen. Deshalb sind sie ausgesprochen gefährlich für die Machthaber und ihre Drahtzieher und gleichzeitig extrem gefährdet, auf subtile feinstoffliche Art und Weise manipuliert zu werden. Dabei sind der Kreativität der Manipulatoren keine Grenzen gesetzt. Sie setzen Implantate, Schalter und schwarzmagische Konstrukte, erschaffen Hologramme und Programme, die uns in unserer Handlungsfähigkeit einschränken. Teilweise werden diese durch Abschirmungen, Vernebungen oder Unsichtbarkeitshüllen verborgen und durch offene, abgeschirmte oder hochabgeschirmte Reproduzierer bzw. latente Äquivalente gesichert und sind deshalb für die meisten Heiler nur schwer ausfindig zu machen.

Dankenswerter Weise gibt es Möglichkeiten, sich effektiv vor solchen Manipulationen zu schützen. Eine wirksame Methode besteht darin, auf der geistigen Ebene eine Multisphäre zu erstellen, in die wir genau diejenigen Qualitäten und Quantitäten hineingeben können, die wir und vor denen wir uns schützen möchten. Das bedeutet eine etwas aufwendige Meditation zur einmaligen Erstaktivierung und einige Minuten Zeit für die tägliche Kurzaktivierung, doch dieser Aufwand lohnt sich angesichts dessen, was uns dadurch erspart bleibt. Mit dieser Schutzmaßnahme versehen, brauchen wir uns nicht mehr mit den vielfältigen Formen externer Behinderungen auseinanderzusetzen, können diese einmalig auflösen, um dann frei und unbeschwert unseren Weg des inneren Wachstums entlang zu schreiten. Wer sich diese Methoden zum Schutz und zur Befreiung von externen und internen Behinderungen etwas genauer anschauen möchte, dem sei die Seite: *www.vikara.de/geschenke.html* wärmstens empfohlen. Dort finden wir nicht nur Muster für Multisphären für uns selbst, sondern auch solche, um unser Haus/unsere Wohnung und unsere Projekte zu schützen.

Neues Bewusstsein

Wir können uns also von alten Manipulationen lösen und uns vor der Installation neuer Behinderungen schützen. Das ist eine wirklich gute Nachricht! Und gleichzeitig die Voraussetzung, dass wir frei und ungehindert an der Erschaffung einer neuen Welt mitwirken können.

Wir Menschen wurden während der 3 x 96.000 Jahre dauernden Abstiegszeit in viele Bewusstseine aufgespalten: unser Unterbewusstsein, unsere Persönlichkeit, unser Ego, unsere Seele, unser höheres Selbst und unser Göttliches Selbst. Bis zum Jahr 1985 war letztgenanntes das höchste individuelle Bewusstsein, mit dem wir uns als Persönlichkeit verbinden konnten. Doch mit abnehmender Abstiegsenergie, und erst recht seit 2012 mit einsetzender Aufstiegsenergie ist uns eine noch höhere Instanz zugänglich, unser *Höchster Ursprung*. Er stellt das höchste Bewusstsein dar, das es auf individueller Ebene gibt. Seither können wir uns mit ihm verbinden und von seiner Weisheit profitieren. Wir können das Bewusstsein unserer Persönlichkeit durch bewusste Übungen, Gefühls- und Gedankenhygiene sowie der beständigen Einnahme der Beobachterposition auf den Stand des Bewusstseins unseres *Höchsten Ursprungs* hinauf bugsieren. Wenn dies dauerhaft und vollständig geschehen ist, ist unser Aufstieg vollendet und wir sind Meister unserer Selbst. Zurzeit gibt es erst sehr wenige Menschen, bei denen dies bereits der Fall ist.

Die meisten Menschen führen ihr Leben heute auf der Ebene ihrer Persönlichkeit. Wenn sie das Wort ICH in den Mund nehmen, meinen sie damit ihren Körper und ihren Ätherkörper, in dem die Matrix für den physischen Körper gespeichert ist. Hinzu kommt der Astralkörper, häufig auch als Emotionalkörper bezeichnet, der unsere Gefühle produziert und mit dem wir diese wahrnehmen. Letzterer bestimmt unser aller Leben am stärksten, auch dann, wenn wir uns selbst als Verstandesmenschen bezeichnen. Unser Denken und Handeln wird fast ausschließlich durch unsere Gefühle bestimmt. Es handelt sich auch um jene Bewusstseinsebene, in der wir uns in unseren nächtlichen Träumen bewegen. Ein weiterer Bestandteil unserer Persönlichkeit ist unser unterer Mentalkörper, wo sich die Gedankenkonstrukte unseres täglichen Lebens bilden. Das Gehirn ist lediglich die Schaltzentrale für alle diese fein- und auch grobstofflichen Vorgänge unserer Körper und unserer Bewusstseine. Die jeweils höheren Bewusstseine der erwähnten feinstofflichen Körper umschließen und durchdringen die darunterliegenden. Unser Unterbewusstsein setzt sich aus Teilen des Bewusstseins des dichten physischen Körpers, des Ätherkörpers, des Astralkörpers und des niederen Mentalkörpers zusammen. Es ist ein eigenes Wesen mit einem eigenen Bewusstsein und reagiert in erster Linie auf gemachte Erfahrungen der genannten Bewusstseinsebenen.

Ebenfalls sehr bedeutsam für unser Alltagsleben ist unser Ego, das auf der oberen Mentalebene angesiedelt ist. Auch unser Ego ist Träger eines eigenen meist sehr ausgeprägten Bewusstseins. Während der Zeit des Abstiegs hatte es die Aufgabe, uns bei unserem Weg in die tiefsten Tiefen der Dualität zu unterstützen. Das hat es nach Kräften und außerordentlich erfolgreich getan. Wenn unser spiritueller Weg uns nun zurück zur Einheit führt, müssen wir unser Ego zunächst von seiner alten Aufgabe entbinden und es davon überzeugen, dass es uns bei unserem Aufstieg unterstützen soll.

Doch wie können wir uns in unserem ganz normalen Erdenleben über unsere Bewusstseine von Persönlichkeit und Ego erheben?

Je weiter wir auf unserem spirituellen Weg voranschreiten, umso stärker entwickeln sich auch die Bewusstseine unseres Egos und unserer Persönlichkeit im Sinne der neuen Zeit. Dann lassen wir uns immer weniger in die Höhen und Tiefen unseres Gefühlslebens verstricken. Lassen uns nicht mehr von den Menschen unserer Umgebung in bestimmte Stimmungen versetzen und in Dramen hineinziehen. Wir bleiben gelassen und bei uns selbst, in unserer inneren Mitte. Das bedeutet nicht, dass uns unsere Angehörigen und Freunde egal wären, wir fühlen mit ihnen aber wir leiden nicht mit ihnen, wir lassen uns nicht mehr so leicht aus unserer inneren Stärke und Zentriertheit hinauskatapultieren. Das wird uns sicher zunächst nicht immer gelingen. Je stärker äußere Begebenheiten unser Leben betreffen, umso schwieriger wird dieser Vorsatz durchzuhalten sein. Doch durch fortwährende Gefühls- und Gedankenhygiene können wir unserem Ziel kontinuierlich näherkommen. Mit der Zeit werden wir feststellen, dass genau das, was wir in die Welt hinaus strahlen auch wieder zu uns zurückkommt. Denn schließlich ist die äußere Welt nichts anderes als ein Spiegel unserer inneren. Bleiben wir in unserer Mitte, schaffen wir ein friedliches Umfeld und hören wir auf, uns und andere zu be- und zu verurteilen.

Wenn wir wirklich einmal einen schweren Schicksalsschlag erleiden sollten, können wir leicht aus der Bahn geworfen werden, den Halt verlieren und mögen uns fühlen, als sei uns der Boden unter den Füßen entzogen worden. Das ist menschlich und wird vielen von uns so ergehen. Doch wir können versuchen, auch dieses unerwünschte Erlebnis von einer übergeordneten Perspektive zu betrachten, uns als Teil des Gesamtgeschehens zu beobachten. So vermeiden wir es, uns davon zu sehr gefangen nehmen zu lassen und möglicherweise in Trauer und Lethargie oder Wut und Ohnmachtsgefühlen zu versinken. Den oftmals nahtlosen Übergang in Selbstmitleid und eine Opferhaltung können wir so vermeiden. Vielleicht sind wir sogar bald in der Lage, in dem Geschehen eine neue Chance zu sehen, unser Leben zu unserem Besten umzugestalten. Auf die Möglichkeit, eine Erkrankung oder gar Nahtoderfahrung als Hinweis zu nutzen, unser Leben mit anderen Augen zu betrachten, wurde im Kapitel *Krankheitswesen* schon eingegangen. So können wir es auch mit Trennung von einem Partner oder sogar mit dessen Tod handhaben. Wir können uns bewusst in die Haltung der Dankbarkeit darüber begeben, dass wir diesem Menschen begegnet sind und ein Stück des Weges mit ihm gemeinsam gehen durften. Dann können wir unsere Gefühle von Trauer und Verlust schneller wieder loslassen und stehen für Neuanfänge in unserem Leben bereit. Wir dürfen versuchen, in allem, was uns in unserem Leben widerfährt, einen Sinn zu entdecken, der zu unserem Wachstum beiträgt. Heute, in der Aufstiegszeit, gelingen uns diese Prozesse der Überwindung von negativen Gefühlen viel schneller als das in der Abstiegszeit der Fall gewesen ist. Wir bekommen Unterstützung durch kosmische Leichtigkeit, die der Schwere unserer Gefühle entgegenwirkt.

Das alles hat nicht das Geringste mit Oberflächlichkeit oder unmoralischem Verhalten zu tun. Vielmehr ist es unser Geburtsrecht, unser Leben in Freude und Leichtigkeit zu verbringen, unsere innere Welt zu kreieren, ohne uns von äußeren Umständen vereinnahmen zu lassen oder gar daran zu zerbrechen. Rachegefühle, langanhaltende Trauer, Wut oder Einsamkeit sind Reaktionen der Abstiegszeit, lähmen uns und halten uns davon ab, den Plan unserer Seele zu erkennen und ihm zu folgen. Kurz, sie halten uns in unserem inneren Käfig gefangen.

Die Aufstiegszeit hat gerade erst begonnen und so sind die meisten heute lebenden Menschen noch in ihren alten Konditionierungen verhaftet. Ihnen kommt die beschriebene Art zu leben fremd vor und Sie tun sich schwer, diese nachzuvollziehen. Sie sind es gewohnt, lange in ihren Gefühlen zu verharren und bewerten es möglicherweise als oberflächlich oder unmoralisch, wenn wir uns zum Beispiel allzu bald nach dem Tod unseres Partners oder unserer Partnerin wieder neu verlieben. Doch niemand vermag die Tiefe unserer Gefühle nachzuempfinden oder ist gar befugt, sie zu bewerten. Von den Beurteilungen anderer dürfen wir uns nicht beschränken lassen. Wir können ihrer Sichtweise mit Respekt begegnen, brauchen uns jedoch nicht dadurch einengen zu lassen. Letztlich dient es auch unserer Umgebung, wenn wir voller Freude am Leben teilnehmen und unser Licht leuchten lassen, statt uns in dunklen Gefühlen zu vergraben und in alten Geschichten zu verfangen.

Eine Verhaltensweise alter Energie liegt darin begründet, dass wir dazu neigen, Äußerungen oder Handlungen unserer Mitmenschen auf uns persönlich zu beziehen. Wir analysieren sie bis ins kleinste Detail und meinen darin einen Angriff auf unsere Person zu erkennen. Wenn wir dieses Gefühl haben, sollten wir offen nachfragen, die Angelegenheit klären und so den Boden für ein dauerhaft harmonisches Miteinander bereiten. Oft wird sich herausstellen, dass es gar nicht so gemeint war. Falls doch, so lässt sich die Ursache für die Unstimmigkeit sicher bald bereinigen. Wir sollten nicht auf einer Sache beharren, auch dann nicht, wenn wir uns im Recht wähnen. Das alte Sprichwort *Der Klügere gibt nach* hat in der Aufstiegszeit Hochkonjunktur. Doch es steckt noch mehr dahinter: Wenn unser Ego sich gar nicht angegriffen fühlt, müssen wir auch nicht großmütig nachgeben. Dann entsteht diese Konfliktsituation erst gar nicht. Es geht darum, im Frieden mit uns selbst und den Menschen unserer Umgebung zu leben. Wenn uns das gelingt, ist es bis zum Weltfrieden nur noch ein kleiner Schritt. Denn auch hier gilt, dass die äußere Welt ein Abbild unserer inneren ist.

Wir dürfen uns auch von Erwartungen an uns selbst und unsere Mitmenschen befreien. Wir setzen uns unter Druck, wenn wir meinen, dieses oder jenes Verhalten schon längst überwunden haben zu müssen. Wenn wir uns über uns selbst ärgern, weil wir mal wieder so „zickig" reagiert haben, obwohl wir uns doch auf dem spirituellen Weg wähnen. Seien wir nachsichtig mit uns! Nehmen wir unser „Fehlverhalten" an, seien wir geduldig, vergeben wir uns selbst und begeben wir uns still und mit geöffnetem Herzen an unsere Übungen zur Gedanken- und Gefühlhygiene. So werden wir weiter in den Aufstieg hineinwachsen. Unser Ziel ist erreicht, wenn unser Ego uns vorbehaltlos bei unserem Vorhaben unterstützt und das Bewusstsein unserer Persönlichkeit zu hundert Prozent den Entwicklungsstand des Bewusstseins unseres *höchsten Ursprungs* erreicht hat. Ob oder wie schnell wir diesen Weg in diesem Leben gehen wollen, wird uns unser Herz mitteilen. Wenn wir selbst ihn beschritten haben, können wir das gleiche nicht auch von unseren Mitmenschen erwarten. Jeder hat sein eigenes Tempo, das es zu akzeptieren gilt. Unsere eigene Größe zeigt sich unter anderem darin, wie gut uns dies bei unserem Gegenüber gelingt.

Nun spannen wir den großen Bogen.

Ungerechtigkeiten, Manipulationen und Verdummungs- bzw. Kleinhaltungsstrategien, wie sie in diesem Buch beschrieben wurden, existieren auf der Ebene der dualen Welt. Analog zu den Vorkommnissen in unserem Privatleben können wir auch darauf reagieren. Wenn wir uns dadurch reizen lassen, mit Wut und Angst darauf antworten, nähren wir diese Kräfte. Wenn wir dagegen gelassen wahrnehmen, was um uns herum geschieht, ohne uns dort hineinziehen zu lassen, ebnen wir den Weg für eine neue Sichtweise. Wir sind offen und wach, lassen uns kein X mehr für ein U vormachen, doch wir selbst steigen aus dem Spiel aus. Wir stehen zu dem, was wir als unsere Wahrheit erkannt haben, doch wir bekämpfen nicht die Kräfte, die uns andere Wirklichkeiten aufzwingen wollen. Wir erschaffen uns unsere eigene Welt, in der wir friedvoll und freudvoll leben können und bieten keine Angriffsfläche mehr für diejenigen, die uns daraus vertreiben möchten. Wir erkennen an, dass wir Teil eines großen Ganzen sind und selbst darüber entscheiden, in welche Richtung wir dieses Große mitgestalten möchten.

Doch wie soll das funktionieren? Aus der verbreiteten Sichtweise der Trennung heraus überhaupt nicht. Solange wir die Eliten, Manipulateure und Machthaber als unsere Feinde oder Gegner betrachten, befinden wir uns in einer Illusion. Wir müssen versuchen zu akzeptieren, dass sie eins mit uns sind. In der Dualität bietet uns das Leben ständig an, in die Trennung zu gehen. Doch wir können dieses Angebot links liegen lassen und uns für die Einheit entscheiden. In einem wunderbaren Dialog zwischen Zingdad und dem hohen Lichtwesen 8 werden Beispiele genannt, wie wir dieses Einheitsbewusstsein in unserem Alltag verwirklichen können.

In dem nun folgenden Dialog wird von *Trennungs- bzw. Dualitätsbewusstsein* gesprochen. Dieses entspricht dem im Kapitel *Alte Zeit - Abstiegsenergie* beschriebenen Bewusstseinsstand. Das im Dialog beschriebene *Einheitsbewusstsein* ist dem in diesem Kapitel des Buches erläuterten *Bewusstsein der neuen Zeit* gleichzusetzen. Und das wunderbare ist, dass wir uns in jedem Moment unseres Seins für das eine oder das andere entscheiden können.

Viel Freude bei diesem erhellenden Dialog!

(Quelle: Originalformat: *https://zingdad.com/publications/books/the-ascension-papers-book-1, gefunden unter: http://www.klang-weg.de/Zingdad-was-ist-das-boese-1/*)

Zingdad: Was ist das Böse?

(1) Veröffentlicht am 21. Januar 2017

Zingdad (Arn Allingham),
Die Aufstiegs-Schriften, Bd. 1
Kapitel 10: Was ist das Böse (1)?

Zingdad: *Hallo 8.*

8: *Hallo mein lieber Freund. Worüber werden wir heute sprechen?*

Z: *Ach, du meine Güte, 8, das wollte ich dich fragen.*

***8**: Nimm es als Offenen Mikro- Abend im Club 8 (er lächelt). Du wählst das Thema.*

Z: *Nun, es **gibt** etwas, was mir schon lange durch den Kopf geht. Es geht um das „Böse“.*

*Du und J-D habt beide gesagt, dass jede und jeder ihre jeweils eigene Wirklichkeit erschaffen. Ihr habt beide dafür plädiert, dass jede und jeder aufgrund ihrer Wahlen alle die Dinge erschaffen, die sich in ihrem Leben zugetragen haben. Auch die schlechten Dinge. Doch ich habe mich gefragt... bedeutet dies, dass es so etwas wie das Böse nicht gibt? Und wenn es so etwas **gibt**... was ist es dann genau?*

8: *Ah, ja. Eine sehr interessante Frage. Möchtest du die kurze oder die lange Antwort?*

Z: *Ich vermute, die kürzere ist wahrscheinlich besser...*

8: *Gut. Die kurze Antwort lautet:*

„Wenn es so etwas wie das Böse gibt, dann ist das eine Gelegenheit, etwas über die Liebe zu lernen."

Z: *Das ist alles?!?*

8: *Ja. Das war's.*

Z: *Nein, nein, nein, nein, nein, nein, nein, nein. Du verstehst mich nicht. Ich spreche von dem* ***Bösen*** *hier. Ich spreche über etwas wie Menschen, die bereit sind zum Völkermord – die ganze Bevölkerungsgruppen anderer Menschen aus Gründen der Macht oder des Reichtums oder aus politischem Kalkül ermorden. Ich spreche von Terroristen, die keine Rücksicht auf die Heiligkeit des Lebens nehmen. Und von Menschen, die vergewaltigen. Menschen, die kleine Kinder und Säuglinge missbrauchen. Weißt du? Danach frage ich. Nach dem wirklich Bösen. Und was ist mit Dämonen? Gibt es wirklich solche Wesen? Und gibt es wirklich so etwas wie eine dämonische Besessenheit? Ich möchte das alles wissen. Und wenn wir schon dabei sind, möchte ich wissen, ob es solch ein Wesen wie Luzifer gibt. Weißt du… Satan… den Teufel… ihn. Gibt es ihn wirklich?* ***Das*** *möchte ich wissen. Ich möchte ein für alle Mal alles über jenes dunkle Zeug wissen, damit ich herausfinden kann, wie ich damit* *umgehen soll. Und bitte, 8,... es kann nicht dein Ernst sein, mir zu sagen, dass das alles nur eine Gelegenheit ist, „etwas über die Liebe zu lernen"! Bist du sicher? Wenn du auf der Erde inkarniert wärst, dann würdest du wissen, dass sich hier unten wirklich, wirklich einiges Grauenhaftes abspielt!*

8: *Ah. Ich verstehe. Anscheinend möchtest du dann doch die lange Antwort.*

Z: *Die lange Antwort?*

8: *Ich sagte dir soeben, dass die kurze Antwort ist: „Wenn es so etwas wie das Böse gibt, dann ist das eine Gelegenheit, etwas über die Liebe zu lernen." Dies scheint dir nicht zu gefallen. Also nehmen wir uns stattdessen die lange Antwort vor. Es wird jedoch unsere bei weitem längste Unterhaltung werden. Sie wird ihren Weg vorbei an zahlreichen faszinierenden Aspekten nehmen und dann zu demselben Ergebnis kommen wie die kurze Antwort: „Wenn es so etwas wie das Böse gibt, dann ist das eine Gelegenheit, etwas über die Liebe zu lernen." Und wenn wir dann an diesem Punkt angekommen sind, dann möchtest du mehr wissen über die Liebe* *selbst. Das also wird unser nächstes Kapitel sein: „Was ist Liebe?“*

***Z:** Du scheinst dir ziemlich sicher zu sein.*

***8:** Ich habe diese Erörterung aus vielen Perspektiven gesehen. Ich weiß, was uns erwartet.*

Jetzt also. Ich habe den Eindruck, dass du möchtest, dass wir über zwei grundlegende Fragen sprechen. Erstens: „Was ist das Böse?“ Zweitens: „Wie soll man reagieren angesichts des Bösen?“ Und schließlich möchtest du ein wenig über diese kleine Horrorliste erfahren, die du eben erwähnt hast. Diese werden wir unter der Überschrift „Manifestationen des Bösen“ behandeln.

Wie hört sich das für dich an?

***Z:** Danke, 8. Das klingt genau richtig.*

***8:** Okay. Dann lass uns anfangen. Frage 1:*

Was ist böse?

Wir müssen uns auf eine Definition des Bösen einigen, bevor wir es angemessen erörtern können. Ansonsten könnten wir von unterschiedlichen Vor-

stelllungen ausgehen, und dann könnten sich alle möglichen Missverständnisse einschleichen.

Z: *Einverstanden.*

8: *Gut. Wie fühlt sich für dich also diese Definition des Bösen an:*

„Böse ist jede Handlung, die einem Lebewesen sein Recht zu wählen wegzunehmen scheint."

Z: *Hmm. Nun... ich weiß nicht. Das scheint nicht ganz richtig zu sein. Das scheint... etwas... dürftig.*

8: *Dürftig? Du hast dies eindeutig noch nicht gebührend betrachtet! Ich möchte es dir erklären, doch dazu benötige ich, dass du mir drei Handlungen benennst, die deiner Meinung nach böse sind.*

Z: *Drei böse Handlungen? Alles klar. Was ist mit Vergewaltigung, Mord und Diebstahl?*

8: *Das wird für die Zwecke dieses Beispiels sehr gut geeignet sein. Beginnen wir mit Vergewaltigung.*

Sagen wir, wir haben zwei Personen: Person A und Person B. Sie sind beide erwachsen, klar im Kopf und im Vollbesitz ihrer Fähigkeiten. Sie kennen sich nicht und hatten bisher noch nie etwas miteinander zu tun gehabt.

Z: *Gut.*

8: *Nun, wenn Person A sich Person B nähert und etwas sagt wie „Ich möchte wirklich Sex mit dir haben; würdest du gerne Sex mit mir haben?" wäre das böse?*

Z: *Ähm... nein.*

Ein wenig forsch.

Und wahrscheinlich nicht die erfolgreichste Strategie, von der ich jemals gehört hätte.

Aber es ist nicht böse.

8: *Gut. Und wenn dann Person B sagen würde: „Nein, danke", und die beiden getrennte Wege gingen, wäre das böse?*

Z: *Nein, natürlich nicht.*

8: *Und was wäre, wenn Person A sagte: „Ja, gern." und sie* ***hätten*** *dann wirklich Sex?*

Z: *Dann wären sie beide eine sehr, sehr leichte Beute (lacht).*

8: *Das gebe ich zu (lächelt). Aber das ist noch immer nicht wirklich böse?*

Z: *Nicht, dass ich sehen könnte. Zwei mündige Erwachsene, die wissen was sie wollen, vereinbaren, Sex zu haben? Das ist nicht böse. Es ist nicht* ***mein*** *Stil, Sex mit Fremden zu haben und mir persönlich fallen allerlei Gründe ein, warum es eine schlechte Idee ist. Doch das ist meine Meinung. Wenn es dort draußen zwei Leute gibt, die sich darauf einigen, dann ist das ihre Sachen. Aber es ist sicherlich nicht böse.*

8: *Dann lass uns jetzt mal sehen, was passiert, wenn wir das Element der Wahl von einem der Teilnehmer in der Gleichung entfernen. Jetzt nähert sich Person A der Person B und lässt Person B überhaupt keine Wahl, sondern zwingt Person B einfach mit Gewalt oder Drohung zu nicht einvernehmlichem Sex. Ist das böse?*

Z: *Das ist Vergewaltigung. Und ja, ich bin sehr überzeugt, dass das böse ist.*

8: *Na dann, das ist genau mein Punkt. Es ist nicht die* ***Handlung****, die böse ist. Es ist die Tatsache, dass jemand das Gefühl hat, ihm oder ihr seien die*

Wahlmöglichkeiten entzogen worden. ***Das*** *ist das Böse daran.*

Z: *Ah ja. Ich sehe, worauf du hinauswillst.*

8: *Und genau dieselben Argumente können für jede einzelne andere Handlung vorgebracht werden, die du als böse zu definieren versuchst. Um meinen Punkt noch weiter zu veranschaulichen, lass uns eine andere Handlung betrachten, die du nanntest: Mord.*

Was wäre, wenn sich Person A Person B näherte und fragte: „Möchten Sie, dass ich Ihre Verbindung mit Ihrem Körper beende?"

Und Person B würde antworten: „Ja, bitte."

Was wäre dann?

Z: *Hmm. Das wäre seltsam.*

Ich könnte mir im Notfall eine Situation vorstellen, wo dies geschehen könnte. Wenn Person B z.B. unheilbar krank ist und unerträgliche Schmerzen erleidet und Person A, aus einem Gefühl des Mitgefühls, Person B Sterbehilfe anbietet. Manchmal kommt so etwas vor. Es heißt Beihilfe zur Selbsttötung.

8: In der Kultur, in der du derzeit lebst, gibt es viele Tabus um Tod und Sterben, die der machtvollen Illusion entspringen, dass der Tod endgültig sei. Dass er dein Ende sei. Es gab andere Kulturen auf eurem Planeten, die gewusst haben, dass der Tod nur ein Übergang ist. Wie das Schlafengehen vor dem Aufwachen. Wie das Ausatmen vor dem erneuten Einatmen. Diese Ansicht ist auch in weiter fortgeschrittenen Kulturen auf anderen Planeten vorherrschend. Es ist eine zuträglichere Sichtweise, da sie dir erlaubt, weniger starr und ängstlich mit der Vorstellung des Todes umzugehen. Und wenn es in solchen Kulturen geschehen sollte, dass ein Wesen dahin kommt, das Gefühl zu haben, dass seinem Weg am besten gedient ist, wenn es sich von der sterblichen Ebene verabschiedet, dann könnte das Wesen entweder einen Weg finden, wie es von sich ausgeht, es könnte auch unterstützt werden. Sein Weggang könnte sogar in einer großen Feier ritualisiert werden, in der irgendeine „Heilige Person" für die Beendigung der Verbindung mit dem Körper verantwortlich ist. So etwas würde den meisten in deiner Kultur abscheulich erscheinen, doch nur, weil ihr euch meistens vor dem Hintergrund einer verzweifelten Angst vor dem Tod befindet. Vor dem Hintergrund jener anderen Zivilisationen kann er eine schöne und herrliche Sache sein.

Z: *Das ist höchst interessant, 8. Ich kann mir das vorstellen.*

8: *Doch in deiner Kultur ist das nicht so. Es zu wählen, deine Verbindung mit deinem Körper zu beenden, wird in deiner Kultur selten als eine akzeptable Wahl betrachtet, nicht wahr?*

Z: *Ja, das ist so. Tatsächlich gilt in vielen Ländern Selbstmord als ein Verbrechen. Für mich war das immer seltsam. Ich meine, wie willst du den „Verbrecher", der sich soeben selbst getötet hat, bestrafen? Aber immerhin ist die Beihilfe zur Selbsttötung als Folge dieses Tabus einer jener rechtlichen und ethischen Moräste. In einigen Ländern ist es gesetzlich erlaubt und in anderen nicht. Und sicherlich sind dabei ethische Überlegungen anzusprechen.*

8: *Wirklich? Nun, du kannst hingehen und sie alle ansprechen, wenn du willst. Ich für mein Teil bin ganz klar, was ich für richtig halte. In diesem Zu-*

sammenhang wie in allen anderen ist mein Standpunkt:

Dein Recht zu wählen

Wer immer du bist, egal in welcher Situation, glaube ich an dein Recht, für dich selbst zu wählen.

Ich glaube, es ist deine Aufgabe, am besten zu wissen, was für dich richtig ist. Und niemand sollte dir daher dieses Recht zu wählen nehmen.

Wenn du das Gefühl hast, dass du einen Rat oder eine Orientierungshilfe brauchst, um überhaupt eine Wahl treffen zu können, dann magst du diejenigen, die du für die Klügsten und am besten Informierten hältst, bitten, dich bei deiner Wahlentscheidung zu unterstützen. Und diese haben das Recht sich bereit zu erklären, dich zu unterstützen, abzulehnen, dich zu unterstützen, oder eine angemessene Entschädigung für ihre Unterstützung von dir zu fordern. Wenn sie einverstanden sind, dich zu unterstützen, dann müssen sie für ihre Unterstützung Verantwortung übernehmen.

Wenn du irgendwie handlungsunfähig und deshalb nicht in einer Position bist, wählen zu können, dann müssen diejenigen, die du am meisten liebst, für dich wählen und ihre Verantwortung für ihre Wahl übernehmen.

Wenn du irgendwie handlungsunfähig bist und feststellst, dass du außerstande bist, deine für dich selbst getroffenen Wahlen umzusetzen, dann hast du das Recht, jemanden, den du für befähigt hältst, zu bitten, dich dabei zu unterstützen. Und diese Person hat das Recht, sich bereit zu erklären, dich zu unterstützen, abzulehnen, dich zu unterstützen, oder eine angemessene Entschädigung für ihre Unterstützung von dir zu fordern. Und sie muss für ihre geleistete Unterstützung Verantwortung übernehmen.

***Das** ist, was für mich richtig ist. Und ich bezweifle nicht, dass dies das Richtige für mich ist, weil es ganz einfach das ist, was ich für mich jetzt möchte und für mich auch haben wollte, sollte ich jemals in einem System wie dem deinigen inkarniert sein. In jeder Situation möchte ich immer für mich selbst wählen können. Ich würde nie wollen, einem System – ob auf legale oder auf andere Weise – ausgeliefert zu sein, das entscheidet, was für mich am besten ist. Was liegt einer Rechtsordnung an mir? Was weiß sie von meiner einzigartigen Situation* *und meinen Erfahrungen? Nichts. Rechtsordnungen und dergleichen sollten der letzte Notbehelf, wenn alle Stricke reißen, und nicht der erste Orientierungspunkt sein.*

Z: *Was du sagst, erscheint mir richtig und zutreffend. Ich stimme dem zu. Danke, 8.*

8: *Ich bin froh, dass das für dich nützlich ist. Doch der ursprüngliche Punkt dieser intellektuellen Begehung war eigentlich, die Frage des Todes aufzuwerfen, wenn dabei eine Wahl einbezogen ist. Wenn dir eine Wahl geboten wird, dass jemand dein Leben beendet und du das absolute Recht hast, das Angebot anzunehmen oder abzulehnen… dann…*

Z: *… Dann stimme ich dir zu, dass das nicht böse ist. In diesem Fall bin ich auf deiner Seite. Und ich sage auch, dass ich immer das Recht haben möchte, für mich selbst zu wählen. Deshalb würde ich anderen dasselbe Recht zu wählen gewähren wollen. Das ist nichts Böses. Das ist moralisch und richtig. Das ist auch meine Position.*

8: *Und alle anderen können für sich selbst entscheiden?*

Z: Ja. Natürlich müssen sie ihre eigenen Wahlen treffen. Solange ihre Wahlen mir nicht mein Recht nehmen, für mich selbst zu wählen.

8: Hmm... ja... Wahlen. Siehst du das Schöne daran? Wenn wir sagen, dass es böse ist, jemandem sein oder ihr Wahlrecht wegzunehmen, dann ist, jemandem mehr und mehr Wahlen anzubieten, ... was?

Z: Nun, wenn es böse ist, jemandem das Recht zu wählen zu nehmen, dann würde jemandem mehr Wahlentscheidungen anzubieten das Gegenteil von böse sein.

8: Das ist eine gute Antwort.

Z: Was ist aber das Gegenteil von böse? Liebe?

8: Es ist schwer, diese Frage zu beantworten, denn aus meiner Sicht ist das Böse eine vorübergehende, illusorische Erfahrung, und Liebe ist eine sehr machtvolle, sehr wirkliche, ewig gültige Kraft. Ich würde sagen, Liebe ist sicherlich die richtige Antwort auf das Böse. Liebe ist das, was das Böse auslöscht. Aber ist sie das Gegenteil des Bösen? Nein.

Das, was dem Gegenteil des Bösen am nächsten kommt, würde ich sagen, müsste die „Wahl“ oder vielleicht die „Schöpfung“ sein.

Z: *Gut. Das war sowieso nur eine gewisse Neugierde.*

8: *Lass uns dann weitermachen und diesen kleinen Abschnitt der Diskussion mit dem letzten Punkt abschließen. Du hattest Diebstahl als die dritte böse Handlung genannt. Schauen wir uns also das an.*

Wie wäre es, wenn Person A Person B fragt: „Kann ich bitte deinen Fernseher und deine Stereoanlage haben?“

Daran ist doch sicherlich nichts Böses?

Z: *Ich denke nicht. Wenn Person B Person A's Bitte zustimmt, dann ist es ein Geschenk, das gemacht wurde. Das ist nicht böse, das ist einfach nur Großzügigkeit. Und wenn Person B „Nein“ sagte und Person A das akzeptierte, und ihrer Wege ging, dann wurde auch kein Schaden angerichtet.*

8: *Das ist richtig. Und wir können dies mit beliebig vielen anderen Beispielen für böses Verhalten wei-*

terspielen. Unterm Strich wird immer herauskommen, dass das Böse nur als Tat wahrgenommen wird, wenn die Wahl weggenommen worden zu sein scheint. Bringe die Wahl zurück und es gibt nichts Böses.

Z: Danke, 8, das sehe ich. Und danke auch für deine Geduld, das zu erklären. Ich kann gewiss deine Sichtweise sehen, dass das Böse die Wegnahme des Rechts zu wählen ist. Doch ich bin mir nicht sicher, ob das die **ganze** Geschichte ist. Ich meine... was ist mit einer anderen Definition, wie: „Das Böse ist der Wunsch, einer oder einem anderen großen Schaden zuzufügen" oder „Das Böse ist Schädigen um seiner selbst willen" oder so ähnlich?

8: *Ich verstehe deinen Wunsch, das Böse in Begriffe zu fassen von etwas, was „falsch" ist und „Schaden verursacht" doch das Problem ist, dass solch eine Begrifflichkeit einer genauen Überprüfung nicht standhält. Wenn ich das Verlangen verspüre, dir Schaden zuzufügen, doch anstatt es dir einfach anzutun, dich zuerst frage und du zustimmst, dann...*

Z: Gut, ich vermute, dann ist es genau wie alle deine Beispiele oben. Wenn ich dem zustimme, dann *ist es nicht böse. Wenn ich das Recht habe, „Nein" zu sagen, und du das dann respektierst, dann ist es offensichtlich...*

Okay. Wenn es in deiner Argumentation eine Lücke gibt, dann kann ich sie wirklich nicht sehen. Ich akzeptiere deine Definition, „Das Böse ist, anderen das Recht zu wählen wegzunehmen."

***8:** Nun, gut. Allerdings hast du etwas ausgelassen. Ich sagte:*

*„Böse ist jede Handlung, die einem Lebewesen das Recht zu wählen wegzunehmen **scheint**."*

Dieser Teil bezüglich des „scheint" ist sehr wichtig. Es bedeutet, dass ich dir nicht wirklich dein Recht zu wählen nehmen kann. Das kann niemand. Nicht wirklich. Doch du und ich können uns darauf einigen, für uns die Illusion davon zu erschaffen.

***Z:** Ah, ja. Jetzt bin ich oft genug mit diesen Konzepten konfrontiert worden, um zu sehen, wohin das führt. Es ist wieder die ganze Opfer/Täter-Geschichte, nicht wahr? Ich kann nicht wirklich dein Opfer sein. Ich kann nur die Illusion haben, dass ich es bin.*

8: Jetzt kommst du dahinter.

Z: Im vorherigen Kapitel sagtest du, dass uns Unsicherheit Wahlen zur Verfügung stellt. Du sagtest, dass diese Wahlen Schöpfung, Wachstum und Leben sind. Du sagtest, wenn es eine absolute Gewissheit gibt, dann gibt es keine Wahlen mehr und daher auch kein Leben. Und da wir alle ein Teil des EINEN sind und niemand von uns zerstört werden kann, ist das nicht möglich. Also lässt sich folgern, wenn es wahr ist, dass ich niemals absolute Gewissheit haben kann, dann muss es ebenfalls wahr sein, dass du mir tatsächlich niemals mein Recht zu wählen nehmen kannst!

8: Gut! Siehst du also, wie alle diese Konzepte zusammengehören – wie sie alle miteinander verknüpft sind und ein durchgängiges, übereinstimmendes Ganzes bilden?

Solcherart ist die Natur der Wahrheit, nach der du mich in Kapitel 8 fragtest.

Z: Jetzt beginne ich das zu fühlen.

8: Ausgezeichnet. Und dieses Gefühl ist deine Wahrheit. Dieses Gefühl der Richtigkeit, wenn alles aufgeht und in deinem inneren Sein im Gleichgewicht und in Harmonie ist... das ist deine Wahrheit, „Ja" zu sagen. Ein paar Mal bist du darüber gestolpert. Vor kurzem hast du deine Ego-Wünsche und deine Aufregung mit deiner Wahrheit verwechselt. Und das war notwendig. Du musstest diesen Fehler sehen und daraus lernen. Dann trafst du eine neue Wahl, immer die Wahrheit deines Herzens zu finden und sie zu ehren und zu respektieren. Und so sind wir jetzt hier. Jetzt findest du wirklich deine eigene Wahrheit in dir selbst. Das ist **jenes** *Gefühl, dass alles in dir selbst* **richtig** *ist.*

Z: *Ich habe es verstanden, 8. Danke. Doch wir sind ein wenig vom Thema abgekommen.*

8: *Nicht wirklich. Wir werden gleich wieder zu dieser Erkenntnis über „deine Wahrheit" zurückkommen. Für jetzt haben wir gerade entdeckt, dass dir wahrlich niemand dein Recht zu wählen nehmen kann. Doch wir können natürlich eine Illusion teilen, in der es scheint, als würde ich dir dein Recht zu wählen nehmen.*

Z: *Ist das Böse dann etwas Illusorisches?*

8: Dies ist meine Sichtweise, ja. Es ist etwas, was du innerhalb dieser Wirklichkeit, in der du derzeit lebst, scheinbar erfahren kannst. Es kann dir sehr wirklich erscheinen. Doch es ist immer noch nichts als eine Illusion. Ich möchte dir eine Wahrheit über Gut und Böse sagen. Sie lautet:

„Es gibt nichts, was entweder gut oder böse ist, außer du empfindest es so."

Z: Du sagst, dass nichts an sich wirklich böse ist. Gar nichts. Doch einiges kann sich für mich immer noch böse anfühlen?

8: Das ist genau das, was ich sage. Oder anders ausgedrückt: Das Böse ist objektiv nicht vorhanden, doch es könnte sicherlich subjektiv erfahren werden.

Z: Ähh... ist das eine andere Art zu sagen, dass ich das Gefühl habe, etwas Böses zu erleben, doch das bedeutet nicht, dass es wirklich, wahrhaft existiert?

8: Korrekt.

Z: Gut, wow. Ich weiß wirklich nicht, wie ich mit diesen Informationen umgehen soll. Denn ich kann sie intellektuell total nachvollziehen. Ich habe das

Argument gesehen und sogar seine Wahrheit in meinem Herzen gefühlt, doch... ich weiß nicht, ob ich trotzdem gewillt bin zu akzeptieren, dass alle Schlechtigkeit und Widerwärtigkeit und alle die Abscheulichkeiten, die jemals begangen wurden und weiterhin begangen werden... was sind? Eine vereinbarte gemeinsam erschaffene Illusion?

***8:** Ich verstehe. Deshalb müssen wir dieses Gespräch führen. Denn du musst dahin kommen, es so zu sehen, bevor du zum Einheitsbewusstsein aufsteigen kannst. Ich gebe dir also eine Wahl: Entweder fährst du fort, bestimmte Lebewesen und ihr Verhalten als böse zu bezeichnen und dich auf diese Weise weiterhin distanziert und geschieden von ihnen zu halten, sodass du in einem Zustand bleiben kannst, sie zu verurteilen und dich ihnen überlegen zu fühlen. Oder du kannst wählen gewillt zu sein, zu einem Verständnis zu gelangen, dass niemand wirklich „anders" ist als du, dass nichts ewig nicht liebenswert oder unverzeihlich ist.*

***Z:** Das ist die Wahl? Wenn ich nicht willens bin, dahin zu kommen, es auf diese Weise zu sehen, dann kann nicht ich zum Einheitsbewusstsein aufsteigen?*

***8:** Das ist die Wahrheit. Wie bei allem hast du immer eine Wahl. Diesmal hast du die Wahl zwischen dem Einheitsbewusstsein und dem Dualitäts- (oder Trennungs-) bewusstsein. Verstehe, dass es bezüglich dessen, was du wählst, kein Richtig oder Falsch gibt, und du wirst für deine Wahlentscheidungen nicht verurteilt. Doch was du wählst, bestimmt, wer du bist, und erschafft die Wirklichkeit, die du erfahren wirst. Ganz einfach, du kannst nicht ein Lebewesen im Einheitsbewusstsein werden und du kannst dich nicht in einer Einheitswirklichkeit aufhalten, ohne willens zu sein, alle als **eins** zu sehen, ohne willens zu sein „andere" als dich „selbst" zu sehen und ohne willens zu sein, die Mechanismen der Trennung, wie Urteil und Hass, loszulassen.*

Du siehst, mein lieber Freund, dies ist die Wahl, die dir von der Dualität angeboten wird. Du kannst das Angebot der Dualität annehmen und dich weiterhin als getrennt von allen anderen sehen und mit Angst als deiner Triebfeder immer noch weiter nach draußen auf dem Weg der Trennung reisen. Oder du kannst die Liebe wählen. Wenn du an einer Wahl für die Liebe festhältst, dann beschreitest du den Weg der Einheit. Du beginnst wieder nach Hause ins Einssein zu reisen. Es ist wahr, dass du eine Zeitlang auf dem Weg der Liebe reisen kannst und dich immer noch an die Illusion der Trennung klammerst. Dies geschieht mit denen, die entweder den „Dienst an anderen“ oder „den Dienst am Selbst“ als Seinsmodi wählen. Und das ist in Ordnung, wenn es das ist, was du wählst. Doch früher oder später gleichen sich diese Wege an, und diese Lebewesen werden erkennen, dass die Konzepte des Anderen und des Selbst nicht das sind, was sie zuerst dachten. Dass es in der Tat nur Einssein gibt.

Wenn du dem folgst, was ich sage, dann wirst du verstehen, dass es so scheint, als gäbe es viele möglichen Optionen und Wahlen auf deinem Weg. Doch in Wirklichkeit ist es nicht so. Es gibt wirklich nur eine einzige Wahl.

Entweder du akzeptierst, dass ***alle*** *eins sind, oder du erschaffst mehr Trennung.*

Die Wahl liegt bei dir. Und du kannst dich nicht dahin bewegen, mit Allem Was Ist eins zu sein, während du gleichzeitig noch an der Auffassung festhältst, dass einige Menschen so verabscheuungswürdig und nicht liebenswert sind, dass du dich einfach weigern kannst, sie als Teil des Einsseins zu akzeptieren. Dass du sie als „böse“ be-

zeichnen und damit in die ewige Finsternis verdammen kannst.

Alles *ist eins. Oder es ist es nicht. Deine Wahl.*

Z: *Das hast du sehr gut erklärt, vielen Dank, 8. Ich verstehe es jetzt. Ich muss zwischen zwei Vorstellungen wählen. Auf der einen Seite ist die Idee, dass es bestimmte Lebewesen gibt, die jenseits aller Möglichkeit sind, jemals liebenswert zu sein. Und so bezeichnen wir sie und ihre Handlungen als böse. Auf der anderen Seite steht das Verständnis, dass dieses alles nur ein vorübergehender illusorischer Zustand ist, und, dass alle Lebewesen von Natur aus der Liebe würdig und ein Teil Gottes sind. Dass ich wirklich mit allen Lebewesen und allen Dingen überall eins bin.*

8: *Ja. Das ist die Wahl.*

Z: *Nun, dann wähle ich das Einssein.*

8: *Das ist gut. Doch wenn du diese Wahl nur halbherzig triffst, dann hat es keinen Wert. Du musst sie vollständig und wahrhaft aus dem Herzen treffen, bevor sie zu einer Veränderung in deinen Lebenserfahrungen führen wird.*

***Z:** Ich verstehe und ich bin bereit, diese Wahl zu treffen. Hilfst du mir, die letzten Spuren der Glaubenssätze und Wahlen hinter mir zu lassen, die mich auf dem Weg der Trennung halten?*

***8:** Ja. Das werde ich tun. Deshalb wähle ich heute, mit dir das Gespräch über das Böse zu führen.*

***Z:** Wieso wähltest **du** es? Dieses Thema war **meine** Wahl!*

***8:** Ja. Genau. Du wirst es schließlich noch verstehen.*

***Z:** (ich lächle und schüttle meinen Kopf) Gut, lass mich also versuchen, das, was ich von dir über das Böse verstanden habe, zusammenzufassen:*

Wenn ich das Gefühl habe, dass mir meine Wahlmöglichkeiten genommen wurden, dann habe ich das Gefühl, dass mir Böses zugefügt wurde. Doch diese Gelegenheiten, bei denen ich das erfahren könnte, sind illusorisch. Das heißt, dass ich tatsächlich die Erfahrung gewählt habe, dass mir meine Wahlentscheidungen genommen werden, und in der Tat kann ich immer eine andere Wahl treffen, egal wie das für mich zu der Zeit erscheint.

***8:** Ja. Und die Tatsache, dass du dieses Böse erfährst, bedeutet, dass du wahrscheinlich ziemlich hart daran arbeitest zu glauben, dass du keine andere Wahl hast als es zu erfahren. Das hast du so gewählt. Du, als Schöpfer, hast die Illusion erschaffen, dass du kein Schöpfer bist. Und du, als ein untrennbarer Teil des Einsseins, hast die Erfahrung erschaffen, dass du völlig getrennt und allein bist.*

***Z:** Puh! Das ist ziemlich paradox, nicht wahr, 8?*

***8:** Ja. Doch deckt sich das nicht mit der Art und Weise, wie das Universum wäre, wenn du in der Tat der Schöpfer deiner eigenen Wirklichkeit wärst?*

***Z:** Ja, das ist so.*

***8:** Und auch das Gegenteil wäre wahr. Wenn du vorbereitet wärst anzufangen zu wählen, dass du eins mit allem wärst, wie du es nun gewählt hast, dann würde etwas Interessantes eintreten: Indem du diese Wahl triffst und indem sie sich in deiner Wirklichkeit immer mehr manifestiert, käme es dazu, dass du mit der Zeit aufhören würdest, Böses zu erleben.*

Z: *Wirklich? Das Einssein zu wählen, bedeutet, dass ich aufhöre, Böses zu erleben?*

8: *Ja. Der Grad, in dem du weißt, dass es wahr ist, dass du wirklich eins bist mit Allem Was Ist, ist der Grad, in dem du nichts Böses mehr erfährst. Du kannst die Illusion des Bösen nur erfahren, während du dich in einem Zustand der Trennung befindest. In der Dualität. Sobald du dich an dein innewohnendes Einssein erinnerst, kannst du weder Böses erleben, das dir zugefügt wird, noch kannst du erwägen, es jemand anderem zuzufügen. Nur im Zustand der Trennung oder der Dualität kannst du entweder die Handlungen eines anderen Lebewesens als böse erfahren oder in der Tat in Erwägung ziehen, einem anderen Lebewesen Böses zuzufügen.*

Z: *Kannst du mir das erklären, 8?*

8: *Sicher. Auf der Ebene des Einsseins ist es für mich unmöglich, mich daran zu machen, dir auch nur irgendeinen Schaden zuzufügen.*

Z: *Warum, 8?*

8:** Weil ich ganz genau weiß, dass du und ich eins sind! Siehst du, alle Wesen, die sich an einem Ort des Einheitsbewusstseins befinden, erfahren alles, was sie jemand anderem gegenüber tun unmittelbar als für sich selbst getan. Wenn ich dir wehtue, dann verletze ich mich sofort mit jener Tat genau im selben Umfang auch. Tatsächlich* ***ist *die Verletzung, die ich dir zufüge, die Verletzung, die ich mir auch zufüge. Das geschieht auf der Ebene des Einheitsbewusstseins. Und da ich kein Verlangen habe, mich selbst zu verletzen, werde ich nicht versuchen, dich zu verletzen.*

Ihr befindet euch auf der Erde in einer Illusion der Dualität, das heißt, ihr habt eine Illusion, dass dies nicht so sei. Das Instrument der „Zeit" wird verwendet, um euch von euren Wahlen zu trennen, sodass ihr nicht seht, dass ihr alles, was ihr anderen antut, euch absolut und haargenau auch selbst antut. Doch wir sind außerhalb der Illusion der Dualität und sehen es sofort. Wir sind ***eins****. Wir wissen das. Wir erleben es. Was ich dir zufüge, füge ich mir zu. Also wird ein einheitsbewusstes Wesen niemals anstreben, Schaden anzurichten, denn dieser Schaden* ***heißt****, sich selbst zu schaden.*

Z: *Warte eine Minute, 8, sagst du, dass alles, was ich jemand anderen zufüge, ich auch direkt mir zufüge? Wörtlich?*

8: *Ja. So ist es. Doch ihr habt eine schlaue Illusion von Zeit und Raum, die euch von euren Schöpfungen trennt, sodass ihr glauben könnt, das sei nicht so. Doch es* **ist** *so. Verletze jemand anderen, und du verletzt dich selbst. Möglicherweise musst du ein wenig durch Zeit und Raum reisen, um den Schmerz zu fühlen, und so könnte es sein, dass du nicht erkennst, dass du ihn dir selbst zugefügt hast. Und es könnte sein, wenn der Schmerz zu dir zurückkommt, dass du dir sagst, dass es ein anderes Lebewesen sei, das ihn dir angetan hat. Das ist die Macht der Illusion. Doch so ist es einfach; alles, was du anderen antust, tust du dir selbst an. Folgendes wäre daher sehr klug: „Handle anderen gegenüber so, wie du möchtest, dass sie dir gegenüber handeln.“ Das ist der beste Weg, behandelt zu werden, wie du behandelt werden möchtest.*

Z: *Gut, wenn ich also auf einen Fremden zugehen und ihm ins Gesicht schlage und weglaufe, dann wird er mich nach einiger Zeit finden und zurückschlagen?*

8: *Versuche nicht, so einfältig in deinem Denken zu sein. Hier ist eine bessere Beschreibung:*

Was für eine Person wärst du, wenn du einfach auf einen Fremden zugingst und ihn schlagen würdest? Oder vielleicht besser gefragt, welche Arten von Glaubenssätzen drückst du über dich selbst und über das Leben aus, wenn du so etwas tust? Vielleicht drückst du das Gefühl eines ungezogenen Kindes aus, nach dem Motto „Mir ist das piepegal und ich komme mit allem ungestraft davon.“? So nutzt du die ahnungslose, vertrauensvolle Natur des Fremden aus. Er befindet sich nicht in der Verteidigung, als du dich näherst. Du schlägst ihn und läufst weg. Was du wirklich getan hast, war, sein Vertrauen in ein Gefühl der Sicherheit zu erschüttern. Du hast ihm ein wenig von seiner Unschuld gestohlen.

Nun mag es dir so erscheinen, als hättest du diesen Fremden nach dem Zufallsprinzip ausgewählt, doch das war nicht so. Du und er hatten einen Vertrag. Dieser wurde auf höheren Ebenen vereinbart. Seine Seele brauchte ganz einfach diese Erfahrung aus eigenen Gründen. Doch wir wollen die Angelegenheit nicht zu kompliziert machen. Deshalb lassen wir einfach die Wahlen und Triebfedern der Seele außer Acht. Der Punkt ist, dass die Seele tatsächlich darum ***bat****. Und so gabst du ihr, auf der Ebene der verkörperten Persönlichkeiten, das Geschenk, worum sie gebeten hatte.*

So, und nun vergeht die Zeit für dich. Du bewegst dich weiter und hast diesen Vorfall wahrscheinlich völlig vergessen. Jetzt bist du vielleicht auf einen Drink in einer Bar. Du siehst eine schöne junge Frau und entscheidest dich, sie anzumachen. Die Dinge entwickeln sich gut. Wie du mit ihr redest, scheint sie alles zu haben, was du bei einem Mädchen suchst. Und sie scheint dich auch wirklich zu mögen. Eine romantische Verstrickung bahnt sich an. Ihr seht euch ein paar Mal mehr und dann, gerade als du völlig in sie verliebt bist, gerade als du bereit bist, ihr dein Herz zu schenken... findest du sie im Bett mit deinem besten Freund.

Z: *Klatsch!*

8: *Genau. Du hast gerade die Rückkehr deines Geschenks erlebt. Mit ein paar Zinsen.*

Du hast soeben erlebt, wie es sich anfühlt, wenn das Vertrauen in ein Gefühl der Sicherheit erschüttert wird. Dir wurde deine Unschuld gestohlen.

*Und das ist in Ordnung, denn auf einer Seelenebene hast du darum gebeten. Du musstest kennenlernen, wie es war, dies zu fühlen. Dies einem anderen zuzufügen und es selbst zu erleben, sind zwei Seiten derselben Medaille. Zwei Seiten derselben Erfahrung. Und auf einer Seelenebene hast du das erschaffen. Wie du darauf reagierst – was du damit **tun** wirst – das ist dir überlassen.*

Triffst du Wahlen aus Weisheit und Mitgefühl, die dich zur Ganzheit und zum Einssein führen? Oder triffst du Wahlen aus Unwissenheit und Hass, die zu Schmerz und Trennung führen?

Wahlen, Wahlen, Wahlen.

Du stehst immer wieder vor einer Wahl und du erhältst immer die Ergebnisse deiner Wahl.

***Z:** Das war sehr lehrreich, danke, 8. Wenn ich das jetzt also auf meine wirkliche Lebenssituation übertrage, dann kann ich sehen, wie ich damals wählte, meinen Ego-Wünschen, Ängsten und Bedürfnissen zu erlauben, die Geschichte der singulären Erscheinung in die Richtung einer großen Rettung für uns alle zu schieben…*

8: *Es ist dasselbe. Auf eine Reihe verschiedener Wege erfuhrst du, wie das zu dir mit Zinsen zurückgegeben wurde. Du verursachtest anderen einiges Unbehagen, d.h. denen, die deine Werke verfolgten und die vorherige Version dieses Buches gelesen hatten. Einige von denen empfanden ganz erhebliche Schmerzen, als die Dinge sich nicht so entwickelten, wie es im Jahr 2012 versprochen worden war. Sie erlebten also Gefühle von Verlust, Zweifel, Angst, Misstrauen... du verstehst.*

Z: *Und dann bekam ich das zurück.*

8: *Auf mehreren Wegen. Du nahmst dich in die gleiche Mangel, als sich die Dinge nicht so entwickelten, wie geschrieben worden war. Doch das war nicht ausreichend. Damit dein Seelenvertrag abgeschlossen werden konnte, musstest du erfahren, dass dir dies angetan wurde.*

Z: *Und jetzt verstehe ich es plötzlich. Deshalb wurde in mein Haus eingebrochen und mein Laptop gestohlen, nicht wahr?*

8: *Lass uns das betrachten, sollen wir? Denn du hast verständlicherweise darum gekämpft, einen*

Sinn darin zu finden. Also sag mir, welche Gefühle hatte dieser Einbruch in dir hervorgerufen?

Z: *Verlust, Zweifel, Angst, Misstrauen… ich verstehe.*

8: *Und dann? Wie hast du dich entschieden, damit umzugehen?*

Z: *Ich ging tatsächlich durch die Hölle. Ich war so wütend, und ich fühlte mich in meinen Gefühlen so verletzt. Mein Zuhause fühlte sich nicht mehr sicher an. Und ich verlor eine Menge Arbeit, die nicht gesichert war, die ich nie wiederbekommen werde. Es gab da Material, an dem ich arbeitete, mit dem ich wieder ganz von vorn anfangen muss, und…*

8: *… ich möchte deine Schmerzen nicht schmälern, denn ich weiß, sie waren heftig für dich. Doch das ist nicht die Frage. Wie bist du damit* ***umgegangen****?*

Z: *Ich…. äh… nun. Nicht besonders. Ich beschloss zu versuchen zu verstehen, wie ich diese Erfahrung erschaffen hatte. Ich begann, dich in Gespräche zu verwickeln. Und ich lernte durch das alles viel über Grenzen und darüber, die Ergebnisse unserer Wah-*

len zu bekommen. Doch ich hatte nie das Gefühl, als hätte ich die Auflösung. Ich hatte nie das Gefühl, als hätte ich verstanden, ***warum*** *es passiert ist. Doch jetzt kommt alles zusammen. Jetzt, in diesem Gespräch macht alles für mich Sinn. Endlich begreife ich es.*

8: *Dann kannst du das also auch loslassen?*

Z: *Ja. Jetzt kann ich es loslassen.*

8: *Und dein Einbrecher?*

Z: *Er wurde nie gefunden.*

Und anfangs konnte ich nicht aufhören, ihm alle Arten von Bösem zu wünschen. Ich wollte, dass er geschnappt würde, und dann wollte ich, dass er zu Schaden käme für das, was er mir angetan hatte – und Lisa natürlich auch! Doch dann... nun... ich muss mit dir nicht meinen ganzen langen Prozess durchgehen, doch ich kam wirklich dazu zu erkennen, dass er offensichtlich einfach ein anderes menschliches Lebewesen ist, das mit seiner eigenen Angst und seinem Mangel umgeht. Er nahm mir etwas weg, weil er meinte, das sei der einzige Weg zu bekommen, was er brauchte. Ich muss sei-

ne Geschichte nicht kennen. Ich kann ihn einfach gehen lassen und hoffe, dass er in Zukunft bessere Wahlen trifft. Um seiner selbst willen.

8: *Du kannst ihn also auch loslassen?*

Z: *Ja. Ich habe jetzt die ganze Situation losgelassen. Es ist vorbei und ich habe eine Menge daraus gelernt und bin gewachsen.*

8: *Also? Hast du deine Wahlen aus Unwissenheit und Hass getroffen? Oder hast du Wahlen aus Weisheit und Mitgefühl getroffen?*

Z: *Es dauerte eine Weile, doch ich fühle definitiv, dass ich zum Schluss zu Weisheit und Mitgefühl kam. Größtenteils dank deiner Hilfe.*

8: *Bei jedem Schritt des Weges ging es darum, was du wählen wolltest. Schmälere das nicht. Und da du aus Weisheit und Mitgefühl wähltest, bekommst du Ganzheit und Einssein.*

Du fühltest schließlich, dass das geschah, nicht wahr? Als du die Wahl trafst, den Verlust deines Laptops zu akzeptieren, stellte sich die notwendige Einsicht ein, die dir erlaubte, anzufangen, weiterzugehen. Als du das wähltest und dich für größere

Weisheit und Gnade öffnetest, erhieltest du zusätzliche neue Einsichten, die dir erlaubten, die Geschichte der singulären Erscheinung in ihrer Richtigkeit neu zu schreiben. Und nachdem du die erneute Erzählung der singulären Erscheinung abgeschlossen hattest, bist du jetzt in der Lage, ein vollständiges Verständnis der Situation mit dem Laptop zu bekommen. Diese beiden Erfahrungen waren für dich energetisch verstrickt. Und sie wurden zusammen für dich gelöst.

Und nun kannst du sehen, wie sich alles in der richtigen göttlichen Ordnung entfaltet hat. Alle haben genau das bekommen, worum sie gebeten hatten und was sie benötigten, und alle wählen weiterhin, wie sie es für angebracht halten und bekommen die Ergebnisse ihrer Wahlen.

Ausgewogenheit und Harmonie.

Auftrag erfüllt.

Z: *Ja. Auftrag erfüllt.*

Es ist erstaunlich, wie diese scheinbar völlig unabhängigen Dinge für mich tatsächlich energetisch zusammenhängen. Und wie sie jetzt zusammen gelöst und losgelassen werden.

8: *Du wirst dir jetzt allmählich deiner eigenen Schöpfernatur gewahr. Du fängst nun an, die Ursache-Wirkungs-Natur deiner Erfahrungen zu sehen. Sobald du dies klarsiehst, kannst du nicht mehr von dir selbst denken, dass du ein Opfer zufälliger Ereignisse bist.*

Natürlich können andere dein Leben betrachten und denken, dass du ihm Bedeutung zuschreibst, wo keine ist. Dass es keine Verbindung zwischen diesen beiden Dingen gibt. Doch du kannst fühlen, dass sie zusammengehören. Du weißt auf eine nicht zu leugnende Weise, dass dies wahr ist.

Z: *Es ist wahr.*

Ich komme wirklich zu dem Gewahrsein, dass ich meine Erfahrungen absolut mit meinen Wahlen und Glaubenssätzen erschaffe.

8: *Dann möchte ich dir etwas Interessantes sagen. Deinem Einbrecher wurde sein Handeln auch mit Zinsen zurückgezahlt. Es wäre nicht zu seinem Wohle gewesen, wenn er „erwischt" worden wäre.*

Die Gründe dafür sind kompliziert und für unseren Dialog unbedeutend, doch der Punkt ist, dass „irdische Gerechtigkeit" mit Polizei und Gefängnis hier nicht notwendig oder nützlich war. Aber zweifle nicht; dein Einbrecher hat bereits seine energetische Investition mit beachtlichen Zinsen zurückerhalten. Er nahm dir deine Werkzeuge weg, deine Mittel, dich auszudrücken, dein Gefühl der Sicherheit... und er hat in allen diesen gleichen Bereichen weit größere Verluste erfahren.

Ich sage dir das, um diesen Punkt, den du erwähnst, noch einmal zu betonen. Es spielt keine Rolle, ob du dir deiner eigenen Schöpfernatur gewahr bist oder nicht. Was du herausgibst, wird zu dir zurückkommen.

Z: *„Jede und jeder bekommt immer genau das, was sie oder er geschaffen hat."*

8: *Das hast du, und so hat es auch dein Einbrecher. Es gibt keine Opfer, nur Schöpfer. Und natürlich,*

„Was du einem oder einer anderen antust, das tust du dir selbst an."

__Z:__ Das verstehe ich jetzt wirklich. Hier in der Trennung sind wir also innerhalb der Illusion. Wir erfahren uns selbst als diejenigen, die einander Schaden zufügen und sich gegenseitig das Recht nehmen zu wählen. Doch das ist wirklich bloß eine Illusion. Tatsächlich tun wir dies alles uns selbst an. Und ihr da in den höheren Dimensionen und in anderen Wirklichkeiten und was weiß ich, ihr habt nicht diese Illusion von Zeit und Raum, und so könnt ihr nicht glauben, dass ihr voneinander getrennt seid. Ihr ***wisst****, dass, was immer ihr auch tut, bei euch selbst ankommt. Ist das richtig?*

__8:__ Für diejenigen unter uns, die im Einheitsbewusstsein sind, stimmt das. Wenn dir jede Erfahrung eindeutig zeigt, dass du mit allen anderen Teilen der Wirklichkeit eins bist, dann wärst du ganz schön unbesonnen, wenn du das nicht als wahr akzeptieren würdest. So ist es für uns und langsam wird es jetzt auch so für euch.

__Z:__ Ihr da würdet also niemals bewusst wählen, jemand anderen zu verletzen, weil das sofort dazu führen würde, dass ihr euch selbst verletzt.

__8:__ Das sage ich.

Und die andere Sache ist natürlich, dass ein Wesen im Einheitsbewusstsein Verletzung nicht in derselben Weise erfahren kann, wie ihr glaubt es zu können. Wir haben keine irdischen Formen, die geschädigt werden können, deshalb können wir uns nicht vorstellen, dass wir physisch beschädigt oder getötet werden können. Der Schmerz, den wir erleiden können, ist das, was ihr emotionale bzw. psychische Verletzungen nennen würdet. Und diese Verletzungen werden anders verstanden als ihr sie versteht. Wenn wir sie erfahren, dann denken wir nicht, dass sie uns durch ein anderes Wesen oder durch einige externe Erfahrungen zugefügt wurden. Wir verstehen ganz einfach, dass sie die Ergebnisse unserer eigenen Wahlen sind. Wenn ich in einer Interaktion mit einem anderen Wesen verletzt werde, dann verstehe ich, dass mir meine eigenen Wahlen den Schmerz verursacht haben. Die Interaktion mit dem „anderen Selbst" ist nur der Auslöser. Tatsächlich werde ich, wenn ich aufmerksam bin, sehen, dass dies alles nur ein Geschenk ist, das mir zeigt, welche meiner Wahlen und Glaubenssätze mir nicht dienlich sind.

Ein Wesen im Einheitsbewusstsein kann nicht erleben, dass ihm Böses angetan wird, noch kann es erwägen, einem anderen Selbst Böses anzutun.

Z: Ich denke, das verstehe ich jetzt.

8: Das ist gut. Dann wirst du verstehen, dass du nur innerhalb einer Dualitätswirklichkeit, aus der Sichtweise der Trennung, nicht weißt, dass du EINS bist, und dass Lebewesen in einer Weise handeln möchten, die zutiefst verletzend und zerstörerisch für sie selbst und für andere ist. Nur in solch einer Wirklichkeit könnten sie ihre innere Zerrissenheit in solch einer Weise erleben, dass sie sie veranlassen kann, sich so sehr zu hassen, dass sie willens sein können, sich gegenseitig alle möglichen abscheulichen Dinge anzutun.

Z: Das sehe ich.

8: Und es ist gleichermaßen so, dass du nur innerhalb einer Dualitätswirklichkeit, aus der Sichtweise der Trennung, wenn du nicht weißt, dass du EINS bist, auf die Handlungen eines solchen Lebewesens schauen und sagen könntest: „Du bist böse."

Außerhalb der Dualität wirst du wissen, dass euch beiden, dir und dem Lebewesen, mit dem du interagierst, gezeigt wird, wie die Wahlen, die ihr zuvor getroffen habt, bei euch selbst zu einigem Schmerz und einiger Verwirrung geführt haben. Das Wun-

der der Situation ist die Art und Weise, in der in dieser Interaktion zwei grundverschiedene Selbste perfekt zu einer Interaktion zusammengebracht wurden, die beiden von euch genau zeigt, wie diese Wahlen euch nicht dienlich sind. Vor dieser Interaktion hast du das vielleicht noch nicht gesehen. Doch jetzt kannst du es als Ergebnis der Interaktion deutlich erkennen. Und nachdem du es jetzt gesehen ***hast****, kannst du anders wählen. Und wenn du eine bessere Wahl getroffen hast, dann kann die vorherige Wahl mit ihren Ergebnissen geheilt, geliebt und wieder integriert werden.*

Es ist ein wundervolles Geschenk, siehst du.

Doch innerhalb der Dualität kann es sehr gut sein, dass du diese Interaktion als böse erlebst. Sie könnte die Erfahrung von Opfern sein, dass sie unschuldig durch ihr Leben gingen, als sie von irgendeinem Übeltäter schrecklich ungerecht behandelt wurden. Und sie könnte die Erfahrung von Tätern sein, dass sie ein fürchterliches, benachteiligtes Leben hatten, was sie dazu trieb, sich auf diese schreckliche Art und Weise zu verhalten. Und niemand kann irgendeinem von ihnen sagen, dass ihre Erfahrungen nicht zu Recht bestehen. Es **ist** *ihre Erfahrung!*

Jede Erfahrung bietet dir eine Wahl. Fast jede und jeder, die oder der das Dualitätsspiel spielt, wird nach jeder solcher Interaktion eine weitere Opfer-basierte Wahl treffen. Das wird dazu dienen, sie in der Dualität zu halten und mehr solcher Interaktionen einzuladen. Aber es ist möglich, dieser Falle zu entkommen. Es ist möglich, stattdessen zu akzeptieren, dass die Interaktion eine Erfahrung ist, die du dir selbst aufgrund des Ergebnisses deiner Wahlen gebracht hast. Wenn du das tun kannst, dann kannst du beginnen, auf dich selbst zu schauen, um neue Wahlen zu treffen, die besser für dich geeignet sind. Es könnte dir helfen zu erkennen, dass sich alle diese Erfahrungen innerhalb einer Illusion abspielen. Und dass dicht daneben eine größere Wahrheit liegt, dass nämlich du und der andere Mitspieler beide wisst, dass dies etwas ist, was ihr auf einer anderen Ebene gewählt und vereinbart habt.

Z: *Das ist trotzdem sehr schwer, 8.*

8: *Das ist es. Doch es war nie dazu gedacht, leicht zu sein. Ich werde das gleich mit dem „Gleichnis vom Mönchsorden" erklären.*

Z: *(lacht) Dem was!?!*

8: *(grinst) Du wirst sehen. Doch bevor wir dazu kommen können, möchte ich dir zuerst ein anschauliches Beispiel geben, wie eine Opfer-Beziehung entstehen könnte.*

Stelle dir jetzt vor, dass du nicht mehr inkarniert bist. Du bist hier bei mir im Geist-Raum und wir planen eine neue Lebenszeit. Ich stelle mich vor dich hin und sage dir:

„Du kennst mich, ich bin 8. Ich habe für dich die Rolle des Geistführers gespielt, als du in der Dualität verloren warst, und habe dir geholfen, deinen Weg nach Hause zu finden. Ich bin auch dein geliebter Freund und auf einer gewissen Ebene sind wir langjährige Partner. Auf einer anderen Ebene haben wir zusammen zum Einssein gefunden. Du kennst mich. Und jetzt komme ich zu dir mit meinem Bedürfnis. Damit ich mich so, wie ich wünsche, weiterentwickeln kann, muss ich wirklich die Erfahrung verstehen, wie es ist, ein Opfer zu sein. Ich habe das Gefühl, ich muss mich inkarnieren und dann erfahren, wie es ist, mich völlig der Macht anderer auszuliefern, sodass sie mich sehr schlecht behandeln und dann grausam töten könnten. Ich muss das ausspielen, sehen wie sich das anfühlt und sehen, wie ich darauf reagiere. Bist du bereit,

mit mir in einem Dualitätssystem zu inkarnieren, wo wir uns in den Schleier begeben und dieses Szenario ausspielen könnten? Würdest du für mich die Rolle des Täters übernehmen?“

So könnten wir also, wenn du meinem Vorschlag zugestimmt hast, eine Situation haben, in der wir beide einen Teil von uns selbst hinter den Schleier schicken, und ich bekomme die Erfahrung, ein machtloses Opfer zu sein, und dir fällt es zu, die Rolle des bösen Täters zu spielen. Wir sehen, wie das ist, und wir lernen etwas über uns selbst und dann beschäftigen wir uns mit dem, was wir gelernt haben.

Siehst du?

***Z:** Ich folge, ja.*

***8:** Kannst du sehen, dass dich dies tatsächlich nicht böse macht? Du hast mir einfach geholfen, das zu erfahren, was ich mir wünschte.*

***Z:** Das verstehe ich, ja. Danke für die Erklärung. Doch ich hoffe sehr, dass du niemals mit solch einer Bitte an mich herantrittst.*

***8:** Warum ist das so?*

***Z:** Weil ich dann fürchte, dass ich dich fertig machen müsste. Tut mir sehr leid, doch ich werde nicht dein Täter sein. Ich werde dir niemals auch nur ansatzweise wehtun oder dich schlecht behandeln. Ich werde niemals wählen, dich in irgendeiner Weise anders als mit Liebe, Respekt und Ehre zu behandeln.*

8: Gut. Doch warum? Wenn ich dich darum gebeten habe, warum wirst du es nicht für mich tun?

***Z:** Weil es für mich, mein geliebter 8, falsch ist. Denn egal wie sehr du es brauchst, solch eine Rolle zu erfahren, ich habe in meinem Herzen oder in meinem Wesen kein Verlangen, die entgegengesetzte Rolle zu spielen.*

8: Warum?

***Z:** Weil... ich bin nicht bereit, mir das selbst anzutun. Denn dein grausamer Täter zu sein, würde mich auch verletzen. In diesem Leben und vor allem in meinen früheren Leben habe ich gesehen, was es heißt, ein Täter sein.*

*(**Anmerkung von Zingdad:** s. Kapitel 1: „Der Zauberer")*

Ich weiß, was das ist und ich habe kein Bedürfnis, mehr davon zu wissen. Dazu bin ich nicht gewillt. Ich liebe mich selbst viel zu sehr, um mich selbst dem auszusetzen, und ich liebe dich zu sehr, um dir das anzutun. So fühle ich es in meinem Herzen. Es tut mir leid, wenn ich dich enttäusche.

8: *Mein lieber Freund! Ganz im Gegenteil. Warum sollte mich das enttäuschen?*

Z: *Wenn ich nicht bereit bin, dein Täter zu sein, dann kannst du nicht die Erfahrungen machen, von denen du das Gefühl hast, sie zu brauchen. Ist es nicht so?*

8: *Nein, so ist es nicht. Ist deine Welt nicht voll von Leuten, die bereit sind, jemanden, die oder der es einfach zulässt, in irgendeiner Form schlecht zu behandeln?*

Z: *Ja. Ich vermute, das ist so. Also sagst du, dass du immer* ***irgendjemanden*** *finden wirst, der diese Rolle für dich spielt.*

8: *Das ist ganz richtig. In Wirklichkeit ist es noch viel einfacher. Die Tatsache, dass ich mir einige Erfahrung wünsche, erschafft ein Ungleichgewicht* *im Bewusstseinsfeld. Erinnerst du dich, dass eigentlich nur einer von uns hier ist?*

Z: Gut... also...

8: *Wenn also nur einer von uns hier ist, dann bedeutet, dass, dass ein Aspekt des EINEN, der wünscht, etwas zu erfahren, dasselbe ist als würde sich dasjenige der/die/das EINE wünschen. Das heißt, du kannst diesen Wunsch nicht ohne die Mittel zu seiner Erfüllung haben. Der/die/das EINE kann, und wird, diesen Wunsch nur in mir aussprechen, wenn es auch ein anderes Selbst gibt, das auf diesen Wunsch reagiert, indem es bereit ist, die entsprechende Rolle zu spielen. Und wenn wir damit fertig sind, unsere jeweiligen Rollen zu spielen, dann können wir sämtliche Schmerzen, die wir haben, heilen, indem wir erkennen, dass wir tatsächlich EINS sind, tatsächlich dasselbe größere Wesen.* ***So*** *läuft das alles ab. Wenn du gewillt bist, den schrecklichen, bösen, niederträchtigen Täter als Selbst zu sehen, dann wirst du etwas Größeres als du warst. Dann steigst du auf. Und dasselbe geschieht natürlich auch, wenn du gewillt bist, das traurige, bedauernswerte, schwache, klägliche Opfer als Selbst zu sehen.*

Z: *Oh. Wow, 8. Ich habe das Gefühl, du hast hier gerade etwas sehr Wichtiges geäußert. Ich fühle in meiner Seele, dass dies etwas von tiefer Bedeutung für mich ist.*

8: *Nicht nur für dich. Für alle, die bereit sind, nach dem Einheitsbewusstsein zu streben. Dies ist ein Gedanke, den wir im Folgenden weiterentwickeln werden. Doch jetzt möchte ich deine Frage an dich zurückgeben. Was denkst du nun, nach dem, was wir besprochen haben, wird passieren, wenn ich dich bitte, für mich den Täter zu spielen und du mich fertigmachst? Was geschieht dann?*

Z: *Nun, im Licht dieser neuen Informationen scheint es mir, dass ich entweder die richtige Antwort auf dein Bedürfnis bin oder nicht. Wenn ich es also bin, dann werde ich „Ja" sagen, wenn ich es nicht bin, dann sage ich „Nein". Und, wie wir erkannt haben, macht es mich nicht böse, „Ja" zu sagen, weil ich dir dann einfach etwas über dich selbst zeige. Und „Nein" zu sagen ist auch okay, denn es wird bestimmt irgendjemand anderen geben, für die oder den es richtig ist, mit „Ja" zu antworten.*

8: *Wo ist also das Opfer? Wo ist das Böse?*

Z: *Es gibt keines! Denn wir haben immer eine Wahl. Das haben wir alle. Und wenn wir unsere Wahlen treffen, dann zeigen wir uns einfach etwas über uns selbst!*

8: *Richtig. Und auf die Gefahr hin, auf dem Punkt herumzureiten, falls du zustimmst, mein Täter zu sein, dann könnte ich dich als böse wahrnehmen, aber nur innerhalb der Illusion des Spiels. Und es wird nur eine vorübergehende Erfahrung sein.*

Z: *Ja, das verstehe ich jetzt.*

8: *Und* ***du*** *hast immer die Wahl, zu deinem eigenen höchsten Wohl zu reagieren. Und wenn du in dein Herz gehst und Wahlen mit deiner tiefsten Wahrheit triffst, dann wirst du dich im Einklang befinden mit dem, was der einheitsbewusste Teil von dir auch für dich wählt.*

Du siehst also, alles, was es dort wirklich gibt, ist Wahl. Du wählst, und dann erfährst du die Ergebnisse deiner Wahl.

Z: *Das sehe ich, 8, danke.*

8: *Also! Fassen wir zusammen. Du pflichtest mir jetzt bei, dass Lebewesen sich so fühlen, als wäre* *ihnen Böses geschehen, wenn sie das Gefühl haben, dass ihnen ihre Wahlen genommen wurden?*

Z: *Jawohl. Angekommen.*

8: *Und du stimmst mir auch zu, dass du tatsächlich immer Wahlen hast? Du könntest die Illusion haben, dass das nicht so ist, doch wenn du gewillt bist, für dich Verantwortung zu übernehmen, und wenn du gewillt bist, deine Führung anzunehmen und auf deine Wahrheit in deinem eigenen Herzen zu hören, dann wirst du auch die Illusion durchschauen. Dann wirst du wissen, dass du immer Wahlen hast.*

Z: *Ja, das verstehe ich auch. Auf der Ebene des Einsseins gibt es nichts Böses, nur Wahlen. Und indem ich mich mit meinem Herzen verbinde, verbinde ich mich mit dem, was auf der Ebene des Einsseins vorhanden ist.*

8: *Du machst dich sehr gut. Ja. Das ist gut formuliert.*

Bevor wir jetzt fortfahren, möchte ich noch einmal kurz auf meine Bitte an dich zurückkommen, mein

Täter zu sein. Als du wähltest, meinen Wunsch abzuschlagen, was war der Auslöser für deine Wahl?

Z: Liebe. Ich beschloss, dass ich dich nicht verletzen wollte, weil ich eine Wahl für die Liebe getroffen hatte.

8: *Das stimmt, das hast du. Du wähltest, dich nur so auszudrücken, dass du deine Ausdrücke lieben würdest. Und das ist in der Tat eine sehr gute Wahl. Du wähltest, die Notwendigkeit, mit Schmerz und Angst zu erschaffen, loszulassen. Jetzt erschaffst du nur mit Liebe. Kannst du sehen, warum mir diese Wahl gefällt?*

Z: Ja.

8: *Und als ich dich wegen der Gründe für deine Wahl unter Druck setzte, da hast du einen wichtigen Punkt sehr schön veranschaulicht. Du brachtest die Erkenntnis zum Ausdruck, dass es* **dich** *sehr verletzen würde, mein Täter zu sein. Stimmt's? Das bedeutet also, dass die Lebewesen in deiner derzeitigen Wirklichkeit, die als die großen Bösen angesehen werden könnten, sich offenbar selbst erhebliche Schmerzen zugefügt haben, als sie diese Rolle für dich spielten.*

Z: Ja. Das kann ich sehen. Aber ich kann das immer noch nicht gutheißen, was sie taten und immer noch tun!

8: *Das ist in Ordnung. Das heißt, sie bieten dir ein Geschenk an, das zu geben sie einen hohen Preis kostet. Es ist die Möglichkeit zu wählen, ob du ihr Opfer sein möchtest oder nicht. Wenn du dich entscheidest, dass du ihr Opfer sein* **willst,** *dann sind sie da! Bereit, die Rolle zu spielen, die sie für dich spielen sollen. Und wenn du wählst, nicht das Opfer zu spielen, dann zeigst du dir selbst, dass du diese Wahl* **wirklich** *getroffen hast. Du siehst, ohne ihr extrem gut gestaltetes Angebot wärst du nicht in der Lage zu sagen, dass du endlich und vollständig gewählt hast, kein Opfer zu sein.*

Z: Dem kann ich nicht genau folgen...?

8: *Okay. Ich versprach, dies aufzugreifen, und hier ist es:*

Das Gleichnis vom Mönchsorden

Es waren einmal zwei Männer. Sie waren etwa gleich alt und wurden beide in bescheidenen Ver-

hältnissen geboren. Der eine hatte einen sehr ausgeprägten Geschäftssinn, den er gewissenhaft darauf verwandte, Reichtum anzusammeln. Er hatte kaum sein Elternhaus verlassen, als er schon ziemlich gut für sich selbst zurechtkam. Als er Mitte dreißig war, war er der mit Abstand reichste Mann in der Stadt.

Der andere Mann war nicht auf Reichtum aus, noch weniger war er von schwerer Arbeit angetan. Er war ein Dichter und Musiker und seine Lieblingsbeschäftigung war es, den ganzen Tag am Fluss zu sitzen, Fische zu fangen und Lieder zu komponieren.

Doch so verschieden, wie diese beiden Männer zu sein schienen, hatten beide ein tiefes Interesse an spirituellen Dingen. Beide hungerten nach ihrer eigenen Erleuchtung. Und so kam es, dass sie beide zu dem Entschluss kamen, sich völlig ihrem spirituellen Wachstum zu widmen. Jeder von ihnen beschloss, dass der für ihn geeignete Weg, dies zu tun, war, sich dem Kloster auf dem Hügel über der Stadt anzuschließen.

Z: Sie wollten Mönche sein?

***8:** Genau. Und eine der Anforderungen dieser klösterlichen Orden war, dass die Mönche ein Armutsgelübde ablegen, ihr gesamtes Hab und Gut aufgeben und aller zukünftigen Anhaftung an materielle Güter abschwören.*

***Z:** Ha, damit würde der reiche Mann kämpfen!*

***8:** Und das tat er! Vor dem Hintergrund, dass er sein Leben damit verbracht hatte, Reichtum anzusammeln, dass er darin sehr gut war und dass es dazu gekommen war, dass dieser sein Erfolgsmaßstab und für viele andere die Basis seiner hohen Wertschätzung war... war es in der Tat sehr schwierig für ihn, das loszulassen. Der arme Mann dagegen hatte es nicht so schwer. Da er fast nichts besaß, gab er fast nichts auf!*

***Z:** Ja, das sehe ich. Doch wie veranschaulicht dies den Aspekt, den du hervorhobst bezüglich der Wahl, aufzuhören ein Opfer zu sein?*

***8:** Indirekt. Bleib bei mir und ich werde dazu kommen. Du siehst, es trifft sich, dass beide Männer das Armutsgelübde **ablegten**, und beide wurden in das Kloster aufgenommen. Beide waren dann Or-*

densbrüder und keiner hatte irgendeinen physischen Besitz, den er sein eigen nannte.

Z: *Okay...*

8: *Was meinst du also; welcher von ihnen wusste dann, bis in die Tiefen seiner Seele hinein, was es heißt, die Armut vor dem Reichtum zu wählen?*

Z: *Aha, ich sehe! Es ist der Mann, der reich war, der wirklich um den Wert dieser Entscheidung wusste. Er würde* ***wirklich*** *wissen, was es bedeutet, allen Reichtum und Besitz aufzugeben.*

8: *Ja. Und so ist es für dich in dieser Dualitätswirklichkeit, die ihr bewohnt. Ihr seid alle sehr reich an Gelegenheiten für die Opferrolle. Ihr werdet jeden Tag auf 1 Million unterschiedliche Weisen eingeladen, immer wieder ein Opfer zu sein. Jedes Mal, wenn ihr den Fernseher einschaltest, eine Zeitung aufschlagt oder eine Zeitschrift lest, werdet ihr mit Botschaften über eure eigene Opferrolle bombardiert, immer und immer wieder.*

Eure politischen, gesetzlichen und finanziellen Systeme existieren auf der Grundlage, dass ihr alle

Opfer seid, und sie bemühen sich, euch in diesem Zustand zu halten.

Eure Arbeitgeber brauchen euch als Opfer, damit ihr weiterhin für das Geld, das sie euch anbieten, die Jobs verrichtet, die ihr hasst.

Überall, in welche Richtung ihr auch blickt, seid ihr von Angeboten umgeben, die euch eure eigene Opferrolle auf einem Tablett servieren.

Und das ist alles furchtbar verlockend und zutiefst suchterregend. So glaubt ihr weiterhin, dass es gut, richtig und verantwortungsvoll ist, diesen Job anzunehmen, jene Hypothek zu bezahlen, diese Versicherung gegen alle denkbaren Katastrophen abzuschließen, sich mit jenen Experten über alles zu beraten, angefangen, was richtig und moralisch ist, über was gut für eure Seele ist, was gut für eure Gesundheit ist, was ihr essen solltet , wie eure Beziehung zu eurem eigenen Lebenspartner sein sollte und wie ihr eure eigenen Kinder behandeln solltet, bis hin zu... na ja, du verstehst, worum es geht... ihr seid süchtig, ein Opfer zu sein.

Und es gibt ein paar hübsche stringente Auszahlungen. Ihr gelangt dahin zu sagen: „Es ist nicht meine Schuld! Ich habe es nicht getan! Das ist nicht fair!“ und mein persönlicher Favorit, „Warum ich?“ Ihr kommt dahin, das Gefühl zu entwickeln, dass jemand anderes an allem schuld ist. „Sie haben mir Unrecht getan! Ich wurde betrogen! Sie gaben mir nie meine Chance!“ Und so seid ihr fein raus und braucht keine Verantwortung zu übernehmen.

Ein ganz schön suchterzeugender Stoff.

Und auch ganz schön kindisch, meinst du nicht?

***Z:** Jaaa, wenn du das so darstellst, klingt es, als wären wir alle nur ungezogene Kinder, die ihre Wutanfälle bekommen.*

***8:** So kann es bestimmt manchmal aussehen. Doch das ist in Ordnung. Mit der Kindheit ist es so, dass es sie gibt, damit wir sie erfahren, und aus diesen Erfahrungen beginnen wir, uns selbst zu entdecken und zu entscheiden, wer wir sein wollen, wenn wir erwachsen werden. Sie ist eine schwierige Phase, und ein paar Wutanfälle sind zu erwarten, nehme ich an. Und nach einiger Zeit wird jede und jeder in der Tat erwachsen. Und das eigentliche Markenzeichen des Erwachsenseins ist... Verantwortung zu übernehmen. Das tut ein Erwachsener. Und geistig* *reife Lebewesen sind gewillt, die absolute Verantwortung für alle ihre eigenen Erfahrungen zu übernehmen.*

Z: *Ein geistig unreifes Kind übernimmt keine Verantwortung? Ein geistig unreifes Kind sieht sich als Opfer?*

8: *Das stimmt.*

Z: *Hmmm. Dann vermute ich, dass es an der Zeit ist, die Opfer-Abhängigkeit aufzugeben.*

8: *Ja. So wie der reiche Mann seine Anbindung an Reichtum und weltliche Macht aufgab, so wie der Junkie seine Abhängigkeit von einer Droge aufgibt, so wirst du jemand sein, der* ***bis in die Tiefen seiner Seele*** *weiß, dass er endlich und vollständig mit der Opferrolle abgeschlossen hat. Wenn du aus diesem Dualitätssystem in deinen eigenen Schöpferstatus aufsteigst, dann wirst du nie wieder in den Konflikt geraten zu glauben, dass du ein Opfer bist. Du wirst die Opfermentalität in allen ihren verführerischen Verkleidungen gesehen haben. Du wirst sie in deiner eigenen Seele, in deinen eigenen Erfahrungen und mit deinen eigenen Entscheidungen überwunden haben. Du wirst dich selbst als Schöp-*

fer erschaffen haben. Das ist natürlich die einzige legitime Art, ein Schöpferwesen zu werden.

Z: *Ha ha! Da ist schon wieder dieses Paradox. Doch dieses Mal sehen wir es von der anderen Seite. Wenn wir Schöpfer sein sollen, dann müssen wir auch gewillt sein, zu erschaffen, dass wir Schöpfer sind!*

Das ist einfach so irrsinnig cool.

8: *Es wird gesagt, wenn ein Lebewesen erstmalig zur Selbstbemeisterung erwacht, dann beginnt dieses Lebewesen zu lachen und zu lachen und zu lachen. Das ist sehr oft so. Die Lösungen für die Probleme und die Fallen, die dich zuvor gebunden haben, werden als nichts anderes als große kosmische Scherze aufgedeckt. Gut, dann lass es uns noch einmal zusammenfassen. Sag mir was du denkst: Gibt es wirklich so etwas wie das Böse?*

Z: *Nach dem, was ich jetzt verstanden habe, würde ich sagen, dass die Antwort beides ist, sowohl ja als auch nein. Es ist etwas Illusorisches. Wenn du es wählst, zulässt und einlädst, dann kannst du es erfahren.*

8: *Du meinst:*

„Es gibt überhaupt nichts, was entweder gut oder böse ist, außer du empfindest es so."

Z: *Ha! Richtig!*

8: *Was ist aber mit der Illusion, die wir tatsächlich erleben?*

Z: *Wir erfahren die Illusion, dass uns unsere Wahlen weggenommen worden seien.*

8: *Dann würdest du mir also bei Folgendem zustimmen:*

„Böse ist jede Handlung, die einem Lebewesen das Recht zu wählen wegzunehmen scheint."

Z: *Ja, dem würde ich zustimmen.*

8: *Gut. Dann sind wir auf derselben Wellenlänge und wir haben, glaube ich, die erste Frage beantwortet: „Was ist böse?"*

Z: *Ja, das haben wir, ich danke dir.*

__8:__ Und das bringt uns jetzt perfekt zur zweiten Frage:

Wie sollte man auf das Vorhandensein des Bösen reagieren?

*Also? Möchtest du es versuchen? Wie **fühlst** du, solltest du auf die Erfahrung des Bösen reagieren?*

__Z:__ Es scheint, dass eine solche Erfahrung nach einem transzendenten Augenblick ruft. Sie fordert von mir, dass ich wähle, mich daran zu erinnern, dass ich wirklich eins mit allen anderen bin. Dass ich von einem Ort großer Liebe aus wähle und handle.

__8:__ Das ist sehr gut beantwortet. Und es entspricht auch der anderen Sache, die ich dir über das Böse gesagt habe, nämlich:

„Wenn es so etwas wie das Böse gibt, dann ist das eine Gelegenheit, etwas über die Liebe zu lernen."

__Z:__ Ich denke, ich verstehe das ganz gut, doch ich muss sagen, dass ich das noch nicht komplett fühle. Und ich schäme mich fast, es zu sagen, es gibt in meinem Kopf immer noch einen Vorbehalt dagegen.

Ich fühle, dass ich darüber hinaus sein sollte, weil das alles noch einmal zurück zu dem ganzen Opfer/Täter/Retter-Dreieck kommt. Und das sollte ich inzwischen einsortiert haben. Wir haben so viel darüber gesprochen!

8: *Sei nachsichtig mit dir. Es braucht eine Menge Arbeit, tief verwurzelte Ideen und Glaubenssätze loszulassen. Gönne dir ein wenig Schonung. Du wirst noch einmal eine letzte Runde mit diesem Dreieck bestreiten, und ich habe dieses Gespräch erwartet.*

Also… heraus mit der Sprache… was stört dich? Dann kann ich dir helfen, diese Einsichten aus deinem Kopf, wo du ***denkst****, dass sie wahr sind, in dein Herz zu senken, wo du* ***weißt****, dass sie wahr sind.*

***

Vision vom befreiten Menschen

Wenn einer alleine träumt, ist es nur ein Traum.
Wenn Menschen gemeinsam träumen, ist es der Beginn einer neuen Wirklichkeit
(Dom Hélder Cámara)

Imagine there's no countries
It isn't hard to do
Nothing to kill or die for
And no religion, too

Imagine all the people
Living life in peace

You, you may say I'm a dreamer
But I'm not the only one
I hope someday you will join us
And the world will be as one

Imagine no possessions
I wonder if you can
No need for greed or hunger
A brotherhood of man

Imagine all the people
Sharing all the world

You, you may say I'm a dreamer
But I'm not the only one
I hope someday you will join us
And the world will live as one

Deutsche Übersetzung:

Stell dir vor, es gibt den Himmel nicht,
Es ist ganz einfach, wenn du's nur versuchst.
Keine Hölle unter uns,
Über uns nur das Firmament.

Stell dir all die Menschen vor
Leben nur für den Tag.

Stell dir vor, es gäbe keine Länder,
Das ist nicht so schwer.
Nichts, wofür es sich zu töten oder sterben lohnte
Und auch keine Religion.

Stell dir vor, all die Leute
Lebten ihr Leben in Frieden.
Yoohoo-Ooh

Du wirst vielleicht sagen, ich sei ein Träumer,
Aber, ich bin nicht der einzige!
Und ich hoffe, eines Tages wirst auch du einer von uns sein,
Und die ganze Welt wird eins sein.

Stell dir vor, es gäbe keinen Besitz mehr.
Ich frage mich, ob du das kannst.
Keinen Grund für Habgier oder Hunger,
Eine Menschheit in Brüderlichkeit.

Stell dir vor, all die Menschen,
Sie teilten sich die Welt, einfach so!

Du wirst vielleicht sagen, ich sei ein Träumer,
Aber, ich bin nicht der einzige!
Und ich hoffe, eines Tages wirst auch du einer von uns sein,
Und die ganze Welt wird eins sein.

Dieser bekannte Songtext wurde bereits 1971 von John Lennon geschrieben und traf schon damals den Nerv der Zeit. Er hat bis heute nichts von seiner Aktualität eingebüßt. Doch hat sich die Welt seither sichtbar gewandelt? Nein, das hat sie allem Anschein nach nicht. Immer noch herrschen Hunger und Krieg, Habgier und Herrschsucht. Immer noch gibt es Milliarden Arme und eine Handvoll Reicher und die Diskrepanz zwischen beiden Polen scheint größer denn je.

Und doch ist heute eine andere Zeit. Die Protestbewegung der späten 1960iger und 1970iger Jahre wandte sich **gegen** das Establishment, **gegen** all das Unrecht in der Welt, **gegen** den Vietnamkrieg und **gegen** die Lebensweise der Kriegs- und Nachkriegsgeneration, die ausschließlich auf materiellen Wohlstand ausgerichtet war. Diese Protestbewegung wurde von den damals Jungen getragen, den Studenten und Hippies. Sie litten an der Welt, wie sie sich ihnen präsentierte, versuchten ihr Leid in Sex, Musik und Drogen zu ertränken. Sie suchten auch bei den Weisen in Indien, bei Gurus und Meistern nach ihrem Glück. Die Mitglieder berühmter Musikgruppen wie der Rolling Stones und der Beatles reisten mehr als einmal dorthin und suchten dort nach etwas Neuem, grundsätzlich Anderem, was sie der westlichen Welt entgegensetzen konnten. Viele der Szene Angehörigen suchten ihr Glück bei Osho und anderen. Das war eine wichtige Zeit und sie hat sicher ein Stück weit den Boden bereitet für das, was wir heute erleben. Sie bot Ansätze zu alternativen Lebensweisen, doch letztlich vermochte sie die Welt als Ganzes nicht zu verändern. Vielleicht stand sie zu sehr für eine Antihaltung gegen das, was die Welt ausmachte und immer noch ausmacht und zu wenig für das, was die damaligen Akteure in die Welt hineinbringen wollten. Ja, sie wollten Liebe statt Krieg, sie wollten die Völker vereinigen, aber sie erlebten sich selbst als abgespaltene Gruppe von der Gesellschaft. Diese Haltung zeigte sich nicht selten auch in ihrem äußeren Erscheinungsbild und in ihrer unkonventionellen Lebensweise. Sie wollten anders sein und zeigten sich anders. Es erinnert ein wenig an pubertierende Jugendliche, die sich absetzen wollen von der Welt der Erwachsenen, eine wichtige Phase der Selbstfindung, doch letztlich landen sie wieder genau da, wo sie doch eigentlich gar nicht hinwollten. Wenn sie sich erst einmal die Hörner abgestoßen haben, werden sie oft zu Unterstützern des Systems, das sie einst bekämpfen wollten.

Das Geheimnis von Veränderung besteht darin, deine ganze Energie darauf zu konzentrieren, Neues aufzubauen statt Altes zu bekämpfen (Sokrates)

Diejenigen unter uns, die sich auf den spirituellen Weg begeben haben und ein bewusstes Leben führen, erkennen heute ebenfalls die Missstände der Welt und die Absichten des Establishments. Doch wir bleiben nicht dabei stehen, sie zu beklagen, stecken unsere Kraft nicht in Protestaktionen und vergeuden unsere Energie nicht im Kampf.

Ein unerwarteter Schachzug wäre es, die Ideen der Eliten und Schattenregierungen aufzugreifen und diese Wesen beim Wort zu nehmen. Wir können ihre Vorhaben genauso verstehen, wie sie nach außen propagiert werden. Die Neue Weltordnung zum Beispiel ist, gereinigt um die verborgenen diabolischen Ziele der Eliten, eine wunderbare Idee, ja die einzig mögliche Zukunft der Menschheit.

Wir Menschen sind in Wahrheit eins. Wenn wir uns als eine einzige zusammengehörige Rasse verstehen, funktioniert das Prinzip *teile und herrsche* nicht mehr. Wir dürfen aber auch erkennen, dass jedes Volk und jede Kultur auf der Welt etwas Einzigartiges beizusteuern hat für das große Ganze, dass es nicht darum gehen sollte, unterschiedliche Ausprägungen unseres Menschseins zu egalisieren und auszumerzen. Wir dürfen zum Beispiel erkennen, dass die in den europäischen Ländern eintreffenden Menschen aus anderen Gebieten der Welt eine Bereicherung darstellen können für unsere gewohnten Lebensformen, ohne dass wir diese aufgeben müssten.

Die Eliten haben das menschliche Verhalten der alten trennenden Zeit studiert, sie rechnen damit, dass die *Migrationswaffe* dazu führt, dass wir uns abgrenzen wollen, das Fremde und Ungewohnte betonen und es bekämpfen. Doch wenn wir sie überraschen durch unsere innere Haltung der Toleranz, wenn wir uns nicht provozieren lassen, dann laufen ihre Strategien ins Leere. Sie rennen sozusagen offene Türen ein und stürzen, weil da, wo sie ihn erwarteten, kein Widerstand vorhanden ist. So können Wege für ein friedliches Miteinander geebnet werden, in dem jeder sein darf, wie er ist, um die Welt genau mit seiner Eigenart zu bereichern.

Viele Menschen haben dies erkannt und wirken in ihrem persönlichen Umfeld genau in dieser Weise. Ein konkretes Beispiel aktiven Wirkens für eine derartige Haltung im großen Stil bietet die Initiative von Erich Hambach,

Autor des Buchs *Bargeld adé, scheiden tut weh.* Dabei geht es um die europa- ja weltweite Organisation eines Friedens-Pilger-Marsches, an dem jeder teilnehmen oder sich auf seine Weise einbringen kann, zum Beispiel durch die schnelle Verbreitung der Idee über soziale und andere Medien, durch das Drucken von Flyern und Aufklebern und/oder das Bereitstellen von Nahrungsmitteln und Getränken am Wegesrand.

Unter www.friedensweg.org können wir lesen:

Uns erscheint es in der heutigen (und bisherigen) Zeit mit am ***allerwichtigsten****, nicht gegen etwas zu sein,* ***sondern für etwas. Nämlich für den Frieden!*** *Denn wie wir alle wissen, folgt die Energie immer der Aufmerksamkeit. Deshalb ist es so bedeutend, die Energie auf das zu lenken, was wir wollen, es ist ein universelles Gesetz (vermutlich sogar ein multiversales Gesetz).*

Ebenso bedeutend ist es ein klares Ziel zu haben. Ein Hauptziel des Friedensweges ist es in allererster Linie, die Menschen so zahlreich wie möglich in (friedvolle) Bewegung zu bringen.

Auf den bis zu 20 Tagen im Mai, also die Zeit die so viele Menschen auf dem Weg gemeinsam verbringen werden, besteht die große Gelegenheit uns selbst mehr Frieden im Inneren zu ermöglichen, uns also selbst zu transformieren. Dazu tragen vielerlei Dinge bzw. Aktivitäten bei. Ob dies nun das gemeinsame Pilgern ist, oder dabei das gemeinsame Singen, Beten, Meditieren, Feiern, Lachen, Musizieren, Tönen, Gespräche führen oder was auch immer wir sonst noch in bester Absicht zum Wohle aller tun. Ob es nun ein einzelnes Erlebnis ist, oder eine Summe von Ereignissen und Geschehnissen, was zu Transformationen beiträgt, kann für jeden Menschen anders sein. Aber sicher ist, dass die Summe all dieser Ereignisse und Aktivitäten ***eine große Veränderung bei uns Pilgern, bei der Menschheit an sich und für Mutter Erde bewirken wird.*** *Nämlich eine große Veränderung in den Frieden, verbunden mit dem Erzeugen einer noch niemals dagewesenen kohärenten Herzensenergie der Menschheit. Diese Herzensenergie und die tiefe Sehnsucht nach Freiheit und Frieden in uns allen wird uns zeigen und spüren lassen, dass wir alle miteinander verbunden sind.*

WIR ALLE SIND EINS.

Ein weiteres wichtiges Ziel ist es, das über den 28. Mai hinaus fortzuführen, was auf dem Weg entstanden ist. Es wird so vieles entstehen auf dem Weg. Freundschaften, Gemeinschaften, sinnvolle Projekte welche spätestens nach dem 28. Mai begonnen werden, wohl auch wunderbare Liebesbeziehungen, weitere großartige Visionen, Selbsterkenntnisse und vieles mehr. ***Und all das was auf dem Weg entsteht, wird in der Zukunft weiter existieren und sich entwickeln und stärken.*** *Und somit die friedliche Weiterentwicklung der Menschheit zu einer Gesellschaft in echter Freiheit beschleunigen, in welcher für alle Menschen ein Leben in Fülle und Frieden möglich ist.*

Der Pilgerweg in den Frieden wird ein kollektiver Schöpfungsakt von Menschen für Menschen sein. *Gleichzeitig ist Heilung für unsere Mutter Erde möglich und wird passieren. Wir werden zur Erhöhung der Bewusstheit der Menschheit beitragen und ebenfalls eine Harmonisierung der Symbiose von Tier- und Pflanzenwelt mit uns Menschen geschehen lassen.*

Und ja - wir alle Menschen sind göttliche Wesen. Wir können alles erschaffen, auch eine friedvolle Gesellschaft, wir müssen es nur tun.

ALLES IST MÖGLICH.

Und unabhängig davon, wer von uns welchen Weg auf dem Friedensweg wählt, also egal, ob zu Land, zu Wasser oder in der Luft und egal, ob z.B. zu Fuß, mit dem Rad oder dem Boot (usw.), eines werden wir alle gemeinsam erschaffen:

Ein gigantisches und unauslöschliches Energiefeld der Liebe und des Friedens.

Dieses Feld werden wir alle gemeinsam manifestieren und in diesen 20 Tagen in Europa und überall auf der Welt verankern. […]

Im Weiteren werden auf der Website konkrete Vorschläge gemacht, wie wir die Idee verbreiten und uns aktiv beteiligen können.

Der Friedensweg ist international, selbstverständlich von Herkunft, Religion und Parteizugehörigkeit unabhängig. Das alle Einigende ist der tiefe Wunsch nach Frieden, den jeder Mensch gebliebene in sich spürt.

Heute geht es also um Selbstverantwortung, Selbstgestaltung und Mitschöpfertum, um Erkenntnis dessen, was in uns verborgen liegt und darum, dies zu neuer Größe hin zu entwickeln. Es ist ein Prozess, der sich zu allererst bei und in uns selbst abspielt. Wir brauchen dazu keine festen Gemeinschaften, keine Gruppen und keine Gurus. Wir selbst sind die göttlichen Wesen, die ihr Leben erschaffen. Die Welt da draußen mag Anstoß sein, dass wir uns auf diesen Weg begeben, sie mag uns mehr denn je vor Augen führen, was dort geschieht, doch wir gewinnen mehr und mehr die Erkenntnis, es gibt nicht die anderen und *The World will be one* ist keine ferne Utopie, die erst geschaffen werden muss.

Jeder einzelne kann sie in seinem Inneren erleben, diese Einheit, diese eine Welt. Heute sind es nicht unbedingt die ganz Jungen, die von Idealismus getragen, an der Welt, wie sie sich im außen zeigt, verzweifeln. Heute sind es vor allem diejenigen über 40 und 50, die die Bewegung vorantragen. Sie tun es vor allem bei sich selbst und sie vernetzen sich mit Gleichgesinnten. Es gibt weniger feste Gruppen, die sich regelmäßig treffen, als das Bewusstsein der Zusammengehörigkeit, das über elektronische Netzwerke genährt wird. Dies bietet ein Gefühl der losen Verbindung und

Verbundenheit. Wir informieren und inspirieren einander, doch wir finden genug Raum für ganz individuelle Schöpfungen. Es gibt keine Regeln und Beschränkungen, die sich die Teilhaber dieser Netzwerkkultur auferlegen. Deshalb engt sie in keinster Weise ein und schafft keine neuen Konzepte, keine Modelle und keine Voraussetzungen für die Zugehörigkeit zu diesen Netzwerken. Außerhalb eines respektvollen Umgangs miteinander und der als selbstverständlich erachteten Achtung vor anderen Auffassungen und Herangehensweisen gibt es keinerlei Verhaltensregeln für die Teilnahme.

Nicht von ungefähr stehen uns die technischen Voraussetzungen gerade jetzt zur Verfügung. So wie sie auf der einen Seite zum Zwecke der Propaganda und Manipulation genutzt werden, so können wir sie auf der anderen Seite ebenso für unsere friedfertigen und fördernden Zwecke und Ziele nutzen. Wie alles andere auf unserer dreidimensionalen Dimensionsebene sind auch soziale Netzwerke Teil der dualen Welt und können für Positives ge- und Negatives missbraucht werden. Wir können uns bei allem, was wir im

Außen erleben entscheiden, ob wir das in unser Leben aufnehmen möchten, ob wir teilhaben möchten an Fernsehen, Lügenpresse, gesellschaftlichen Plattitüden, Nahrungsmittelskandalen oder dem etablierten Gesundheitssystem. Wenn wir uns dagegen entscheiden, leben wir in unserer eigenen Welt, in genau derjenigen, die wir uns erschaffen.

Wir brauchen kein schlechtes Gewissen zu haben, nicht darunter zu leiden, wenn unser Nachbar sich anders entscheidet. Es ist **seine** Entscheidung! Wir müssen ihn nicht überzeugen, bekehren oder gegen seine Sicht der Dinge ankämpfen. Es ist gut, wie es ist. Wir können uns ausruhen und gelassen und emotionslos bleiben. Jeder Mensch folgt seinem eigenen Erwachensprozess. Und wer weiß, vielleicht ist er auf diesem Weg schon viel weiter als wir ihm das von außen ansehen?

Emotionslosigkeit ist eine wichtige Fähigkeit, die sich verstärken wird, je weiter wir in unserer Entwicklung voranschreiten. Sie hat nichts mit Gefühlskälte zu tun, sondern meint eher Unaufgeregtheit und Gelassenheit gegenüber unserem Alltagsleben, eine wichtige Voraussetzung, um einen klaren Kopf und ein liebendes Herz zu bewahren. Wir lassen uns emotional einfach nicht mehr in globale Katastrophen oder persönliche Dramen hineinziehen. So können wir die Übersicht bewahren, uns fragen, wem ein bestimmter Spielzug gerade am meisten nutzt und unsere Schlüsse daraus ziehen. Gleichzeitig bleibt das weibliche Pendant unserer Emotionslosigkeit, unser Mitgefühl, davon unangetastet. Mitgefühl ist eine der größten Stärken und Fähigkeiten der menschlichen Rasse. Zusammen mit der beschriebenen Emotionslosigkeit verleiht sie uns Flügel, auf unsere Art an der Erschaffung einer für alle liebenswerten Welt mitzuwirken. Mitgefühl ist eine Tochter der bedingungslosen Liebe, die wir über unsere höchste individuelle Instanz empfangen und über unser Herz in die Welt strömen lassen. Ihre Schwester ist die Dankbarkeit, die wir in der Tiefe unseres Seins empfinden können, wenn wir uns der Großartigkeit der Schöpfung und unserem Anteil daran gewahr werden. Es handelt sich dabei um tief empfundene Gefühle, die auf dem Boden der Emotionslosigkeit gedeihen können.

Was würde es bedeuten, wenn wir alle von bedingungsloser Liebe getragen, völlig selbstbestimmt und frei unser Leben in der beschriebenen Weise gestalten könnten?

Wir brauchten keine Regeln und keine Gesetze mehr, denn niemand würde je etwas tun, was für ihn selbst oder seine Mitmenschen von Nachteil wäre. Wenn wir uns alle als eins, als nicht getrennt voneinander empfänden, dann gäbe es keine Bewertung und Beurteilung. Alles wäre erlaubt, denn zwangsläufig wäre alles, was wir dächten, fühlten und täten ebenso zu unserem eigenen wie zum Wohle der Gesamtheit. Alle Lebensformen wären möglich und gesellschaftlich akzeptiert. Lebten wir in Gemeinschaft mit anderen, wäre dafür gesorgt, dass alle gleichberechtigte Partner wären. Streit brauchten wir nicht, denn aus der Sicht der Einheit heraus gibt es nichts, was grundsätzlich anders wäre, als das, was wir selbst verkörpern und als unsere Wahrheit erkannt haben. Aus übergeordneter Sicht betrachteten wir die Sichtweise des anderen lediglich als einen anderen Aspekt des Gleichen. Wir lebten ständig in dem Bewusstsein des großen Plans, würden uns selbst als organischen Teil dessen empfinden, einem sehr wichtigen Teil, den nur wir ausfüllen können. Wir kämen gar nicht auf die Idee, dies nicht tun zu wollen, denn wir wüssten, dass es unsere Aufgabe ist. Aufgabe nicht verstanden, wie in der alten Welt, als Pflicht oder etwas, das wir gut oder schlecht erfüllen können, sondern einfach als das, was wir am liebsten tun und am besten können.

Nicht einmal mehr Karma und Seelenpläne gäbe es mehr, denn auch dies wären alte Programme, die ausgedient hätten. Wir brauchten nicht zu tun, was unsere Ahnen taten, könnten aussteigen aus den alten Familienbanden. Alles, was wir jemals für jemand anderen täten, täten wir aus Liebe, nicht aus Konventionen, nicht aus Pflichtgefühl, nicht aus Wiedergutmachungsabsichten.

Hirngespinst? Utopie? Vision?

Absolut nicht! Wir können uns GENAU JETZT dazu entscheiden und nichts und niemand werden uns daran hindern.

Schlussworte

Nur wenn du glaubst, dass du ein vergänglicher Mensch bist, kann man dich in der Dualität gefangen halten und Macht über dich ausüben.

In dem Moment, in dem du dir deiner wahren Natur und Größe bewusst wirst, bist du frei

***

Ewige Geistwesen
lassen sich nicht einsperren

ERINNERE DICH
und
KOMM IN DEINE KRAFT

***

Anhang

Meditation - Erfahre, wer du wirklich bist

Voraussetzung für diese Meditation ist die einmalige Durchführung der beiden Übungen *Verbindung und Vereinigung mit dem höchsten Ursprung* und *Herzöffnung und Aktivierung des Herztempels,* zu finden unter *http://www.vikara.de/geschenke*
Teil 1*: Grundlagen schaffen*

Ich atme einige Male senkrecht

Ich öffne mein Herz und alle meine Systeme weit

Gemeinsam mit meinem Ego bin ich verbunden und vereint mit meinem höchsten Ursprung und mit dem kristallinen Herzen von Mutter Erde

Ich gehe in meinen Herztempel in der Mitte meiner Brust und beschließe meine Reinigung und Schwingungserhöhung

Ich spüre wie von meinem höchsten Ursprung kommend ein Strom von Licht und Liebe auf mich niederströmt und mich umschließt und durchdringt

Dieser Strom ist unendlich zart, umhüllt mich wie ein federleichter unsichtbarer Mantel und dennoch spüre ich gleichzeitig seine mächtige Kraft

Dankbarkeit strömt aus mir heraus und fließt in alle meine Körper und Bewusstseine und in die Welt hinaus

(Pause - drei Atemzüge)

Nun spüre ich, wie der Strom von Licht und von Liebe aus meinem höchsten Ursprung kommend in meinen physischen Körper fließt

Jede Zelle wird mit dem Licht und der Liebe geflutet. Ich spüre, wie es hell wird in mir und wie ich von innen heraus zu strahlen beginne

Ich helfe, das Licht im Inneren meines physischen Körpers zu verteilen, so dass es überall hingelangt, in jede noch so entlegene Zelle

Ich gebe mich diesem Gefühl des Durchdrungenseins meines physischen Körpers mit Licht und mit Liebe vollkommen hin und nehme es dankbar an

(Pause - drei Atemzüge)

Nun spüre ich, wie der Strom von Licht und von Liebe von meinem höchsten Ursprung kommend in meinen Ätherkörper hineinfließt, dorthin wo meine körperlichen Empfindungen zu Hause sind

Der Strom von Licht und von Liebe durchfließt meinen gesamten Ätherkörper

Ich helfe mit, ihn gleichmäßig zu verteilen

Zu denjenigen Stellen, an denen mich vielleicht etwas schmerzt oder ich eine körperliche Empfindung spüre, die mich gerade stört, lenke ich besonders viel Licht und Liebe

Ich genieße das Gefühl, des Durchströmtwerdens meines Ätherkörpers mit Licht und mit Liebe und nehme es in Dankbarkeit an

(Pause - drei Atemzüge)

Nun spüre ich, wie ein erneuter Schub von Licht und Liebe von meinem höchsten Ursprung ausgeht

Dieser richtet sich an meinen Astralkörper

Der Strom von Licht und von Liebe fließt in meinen Astralkörper

Ich spüre nach, wo der Fluss vielleicht ein wenig stockt, evtl. durch Hindernisse gebremst oder umgeleitet wird

Ich spüre, wo in meinem Astralkörper sich Blockaden befinden

Sie kommen von festsitzenden negativen Gefühlsmustern

Ich lenke den Strom von Licht und von Liebe besonders zu diesen Stellen

Ich spüre, wie sie sich in dem Strömen und Fließen auflösen und selbst zu Licht und Liebe werden

Ich fühle mich jetzt frei von allen Gefühlen, die mich bisher behindert haben

Ich genieße das Durchdrungensein meines Gefühls- oder Astralkörpers mit Licht und mit Liebe, lasse den freien Fluss zu und nehme ihn in Dankbarkeit an

(Pause - drei Atemzüge)

Nun spüre ich, wie mein höchster Ursprung einen neuen Strom aus Licht und aus Liebe in mein Energiefeld sendet. Diesmal an die Adresse meines Mentalkörpers

Ich spüre, wie sich alle Gedanken, die mich gerade noch gefangen hielten, nun im Strom von Licht und von Liebe auflösen

In diesem Moment gibt es nichts zu planen, nichts zu erledigen, nichts zu bewerten, nichts zu beurteilen

Alles ist gut und richtig wie es ist

Mein Ego ergibt sich dieser Gewissheit und schweigt

Ich genieße meine Loslösung von meinen Gedankenmustern, fühle mich frei und unbeschwert

Ich bade im Strom von Licht und von Liebe und gebe mich vollkommen hin

(Pause - drei Atemzüge)

Nun nehme ich einen neuen Strom wahr, wie er sich von meinem höchsten Ursprung kommend in meinen Kausalkörper ergießt

Hier befindet sich der Sitz meiner Seele

Meine Seele weiß, warum ich hier auf der Erde bin

Ich frage sie, welchen Plan sie für mich hat. Warum bin ich hier? Was ist meine Aufgabe?

Ich werde still. Warte, was sich zeigt. Vielleicht ein Bild? Ein Geräusch? Ein Duft? Ein Gefühl? Eine Farbe?

Ich erwarte nichts und bin offen für alles

(Pause - 20 Atemzüge)

Wenn mir meine Seele eine Antwort auf meine Fragen gegeben hat, nehme ich ihr Geschenk in Dankbarkeit an

(Pause - drei Atemzüge)

Nun nehme ich wahr, wie ein neuer Strom des niemals versiegenden Lichtes und der niemals versiegenden Liebe in mich einströmt

Diesmal fließen Licht und Liebe in meinen Atma-Körper, meinen Anupadaka-Körper und meinen Adi- Körper

Es sind die höheren Ebenen meines Seins

Ich spüre, wie sich der Kreis schließt, wie alle meine Wesensanteile und Körper eins werden mit meinem höchsten Ursprung

Hier gibt es keine Empfindungen, keine Gefühle, keine Gedanken, keine Pläne und keine Aufgaben

Es ist nur Sein, pures Sein

Ich löse mich auf in diesem Raum meines höchsten Bewusstseins

Ich spüre, auch dies bin ICH

Frei von allem, was mich je belastet hat, schwebe ich im Zustand des bedingungslosen Friedens, der Stille, der bedingungslosen Liebe, des ewigen Lichts und des ewigen Seins

Ich genieße diesen Zustand für einige Minuten

(Pause)

Nun ist die Zeit für meine langsame Rückkehr von dieser Reise gekommen

Weiterhin bleibe ich verbunden mit meinem höchsten Ursprung

Ich kehre auf die Ebene zurück, wo meine Seele weilt. Es ist mein Kausalkörper

Ich grüße meine Seele und danke ihr

Ich ziehe mich weiter zurück auf die Mentalebene, dort, wo mein Ego seinen Sitz hat

Ich grüße mein Ego, nehme wahr, wie es mir begegnet. Hat es sich verändert?

Vielleicht nehme ich wieder einige Gedanken wahr, die jetzt zu mir zurückkehren. Ich lasse sie zu, sie gehören zu dieser Ebene meines Seins, auf der ich mich jetzt befinde

Ich gehe tiefer zu meinem Astralkörper. Dort, wo ich fühlen darf

Welche Gefühle nehme ich wahr?

Nun sinke ich auf meine Ätherebene

Ich spüre nach. Ist mir warm? Ist mir kalt? Verspüre ich vielleicht Hunger oder das Bedürfnis, die Toilette aufzusuchen?

Ich lande nun wieder in meinem physischen Körper

Ich fühle, wie meine Oberschenkel und Sitzhöcker auf der Sitzfläche meines Stuhles ruhen

Ich fühle, wie meine Fußsohlen fest auf dem Fußboden stehen

Ich bewege meine Hände und Finger, recke und strecke mich

Ich richte meine Wirbelsäule bewusst und gerade auf

Ich bedanke mich für diese wunderbare Reise zu allen Aspekten meines Seins

In dem Bewusstsein, dass ich mich jederzeit mit meinem höchsten Ursprung verbinden kann und dass ich über meinen Herztempel jederzeit Zugang zu allen Dimensionen meines Wesens erhalte, öffne ich nun langsam meine Augen und kehre zurück zu einem neuen Moment meiner Zeit.

Es wird empfohlen, diese Meditation regelmäßig durchzuführen - ideal ist eine Woche lang täglich, danach weitere fünf Wochen einmal wöchentlich. Bei regelmäßiger Durchführung kann diese Übung die Entwicklung bzw. Heilung des Lichtkörpers deutlich beschleunigen.

Über die Autorin

Ursula Dziambor startete in ihr Erwachsenenleben mit Studium, Familiengründung und klassischer Berufstätigkeit. Erst in der zweiten Lebenshälfte begann sie verstärkt, Strukturen zu hinterfragen und sich mit spirituellen Themen zu beschäftigen. Sie fand heraus, dass es ein großes Geschenk sein kann, ein wenig anders als die meisten Menschen seiner Umgebung zu ticken und hörte augenblicklich auf, unter diesem Umstand zu leiden. Die Auseinandersetzung mit dem Leben auf für sie damals neuen Ebenen öffnete ihre Wahrnehmung für die höheren Dimensionen unseres Seins.

Heute lebt Ursula Dziambor in Köln, wo sie als Inhaberin eines Raums für *Bewusstsein, Wachstum und Freude* wirkt, den sie *Sternen-Kind* genannt hat. Dieser Name soll die Menschen ihrer Umgebung an ihre Herkunft erinnern und daran, wer sie wirklich sind. Mit Seminaren, Einzelberatungen, Massagen, TCM-basierten Lichtbehandlungen und Aura Soma-Beratungen unterstützt die spirituelle Lehrerin, spirituelle Heilerin und Aura Soma

Expertin Menschen auf ihrem Weg in den beschleunigten Aufstieg.

Ursula möchte sich mit dieser Tätigkeit an der Erschaffung einer neuen Welt beteiligen, einer Welt, in der jeder Mensch in Frieden, Freiheit und Selbstbestimmtheit zum Schöpfer seiner Realität wird. Ihr Motto, das sie den Menschen mit auf den Weg gibt, lautet: *Erinnere dich und komm in deine Kraft*

Ursula Dziambor
www.sternenkind-koeln.de

Das vorliegende Buch ist das zweite Werk der Autorin. Ebenfalls im Tao-Verlag erschien 2015 der Band *Boten des neuen Wir. Entscheide dich, dabei zu sein*

ISBN:
978-3-95802-560-8 Softcover
978-3-95802-561-5 Hardcover
978-3-95802-562-2 E-Book

Zeitfracht Medien GmbH
Ferdinand-Jühlke-Straße 7
99095 Erfurt, Deutschland
produktsicherheit@kolibri360.de